LES MOTS AU BORD DU VIDE

Itinéraire d'un éducateur de justice

Collection Criminologie
Dirigée par Robert Cario

La criminologie apparaît comme un champ pluri et transdisciplinaire de connaissances, d'investigations, d'expertises et de traitement qui peine à être reconnu en France. Principalement mise en œuvre dans le domaine de la prévention, elle occupe également, au cas d'échec, une place prépondérante dans le procès pénal. Plus largement encore, la criminologie contribue à la restauration psychologique et sociale des protagonistes, dans l'endroit comme dans l'envers du crime.

Dans de nombreux pays, la discipline fait l'objet d'enseignements, de recherches et d'applications à la mesure de la complexité du phénomène criminel qui la nourrit. Dans d'autres encore, la profession de criminologue s'inscrit en totale harmonie avec les métiers de la justice, de la médecine, de la psychologie et du social. L'intra-disciplinarité qui caractérise encore les sciences humaines et sociales en France, en ce domaine de la criminologie, radicalement idéologique, freine très anormalement son développement.

La présente collection ambitionne de rassembler des ouvrages scientifiques et des travaux de terrain, appuyés tant sur les théories dominantes que sur les bonnes pratiques en agressologie ou victimologie, à l'intention de publics variés : étudiants, enseignants, chercheurs, magistrats, praticiens de toutes disciplines confrontées aux problématiques délinquantes, citoyens épris de justice.

Derniers ouvrages parus

J. Motte dit Falisse (Dir.), Du sens de la peine
C. Trotter, Le suivi des usagers involontaires
Y. Gérin, La clinique des agresseurs sexuels au défi du dispositif pénal
S. Charbonneau, C. Rossi, La médiation relationnelle
M. Thibault, Vieillesses meurtrières

Controverses
F. Rognon, B. Deymié (Dir.), Punir, guérir, restaurer
I. Dréan-Rivette, Des sentences et des peines
G. Arandel, Pour une criminologie interculturelle
R. Cario, La justice restaurative en France
O. Chevrier, Adolescents et délinquants

Olivier Chevrier

LES MOTS AU BORD DU VIDE

Itinéraire d'un éducateur de justice

L'Harmattan

Ouvrages du même auteur :

Crime ou folie, un cas de tueur en série au 19e siècle, l'affaire Vacher, éditions l'Harmattan, 2006, 196 p.

Adolescents et délinquants, une approche clinique de la justice des mineurs, éditions l'Harmattan, 2023, 89 p.

5-7, rue de l'École-Polytechnique, 75005 Paris

http://www.editions-harmattan.fr

ISBN : 978-2-336-48553-9

EAN : 9782336485539

« Quand on lutte contre des monstres,
Il faut prendre garde de ne pas devenir monstre soi-même.
Si tu plonges longuement ton regard dans l'abîme,
L'abîme finit par ancrer son regard en toi »

F. Nietzsche
Ainsi parlait Zarathoustra [1]

1. NIETZSCHE F., *Ainsi parlait Zarathoustra*, Ed., Le livre de poche, 1972.

À mes filles, Amaya, Ada, Ela

PRINCIPALES ABRÉVIATIONS

A.A.C…………..	Archives d'anthropologie criminelle
A.S.E..................	Aide sociale à l'enfance
C.E.F..................	Centre éducatif fermé
C.E.R.	Centre éducatif renforcé
C.I.O.	Centre d'information et d'orientation
C.J.P.M..............	Code de justice pénale des mineurs
Coll.	Collection
C.R.I.P.	Cellule de recueil d'informations préoccupantes
Dir.......................	Ouvrage publié sous la direction de...
Ed………………	Edition
E.N.A.P..............	École Nationale d'Administration pénitentiaire
E.N.M.	École nationale de la magistrature
E.P.I.D.E............	Etablissement pour l'insertion dans l'emploi
E.P.M.................	Etablissement pénitentiaire pour mineurs
F.A.E..................	Foyer d'action éducative
Ibid......................	Ibidem, même référence
I.T.T…………….	Interruption temporaire de travail
L.O.P.J…………	Loi d'orientation et de programmation de la justice
M.I.E..................	Mesure d'intérêt éducatif
N.R.F……………	Nouvelle revue française
Op.cit	Opere citato, Ouvrage, article…déjà cité
O.P.H.L.M..........	Office public de l'habitat à loyer modéré
P.J.J....................	Protection judiciaire de la jeunesse
P.,pp...................	Page(s)
P.U.F…………..	Presses universitaires de France
P.U.L…………..	Presses universitaires de Lille
P.U.R…………..	Presses universitaires de Rouen
Rev……………..	Revue
U.E.A.T..............	Unité éducative auprès du tribunal
U.E.A.J	Unité éducative d'activités de jour
U.E.H.C	Unité éducative d'hébergement collectif
U.M.D................	Unité pour malades difficiles
U.M.J	Unité médico-judiciaire
Vol……………..	Volume

Introduction

Le petit troupeau de chèvres remontait la grande et sinueuse rue qui menait au village, sous un soleil de plomb, habituel dans cette région du Sud-ouest de la France. À l'arrière des animaux, un enfant les guidait. Pendant ses vacances d'été, il n'avait pour ainsi dire que cette seule activité : celle de s'occuper des chèvres de ses grands-parents. Cela semblait aller dans la logique des choses et ne supportait aucune remise en question dans cette famille de « chevriers » qui portait d'ailleurs le patronyme du gardien de caprins. Il passait ainsi ses journées aux travaux des champs et peu à peu s'endurcissait à supporter une forme de vie rude qui lui servirait sans aucun doute plus tard dans sa vie d'homme.

« Mareuil » était le nom de ce petit village charentais. Les soirées y étaient peuplées d'étranges histoires de sorcellerie racontées par sa grand-mère. On y voyait aussi parfois poindre la figure du « Rampono », un ogre effrayant et dévoreur d'enfants. Ce faisant, et bientôt déjà, s'ancrait en lui la conviction qu'il existe à n'en pas démordre un monde invisible qui côtoie le monde du visible. Sans le savoir, il expérimentait les idées développées par le philosophe Merleau-Ponty [1] qu'il lirait bien des années plus tard. Il avait déjà acquis cette « foi perceptive du monde » dans laquelle la mort et les sorts y étaient fondamentalement présents. Sa jeunesse n'avait peut-être pas

---

1. MERLEAU-PONTY, *Le visible et l'invisible*, Ed. Gallimard, 1999, 359 p.

connu une forme d'insouciance mais elle lui avait permis très tôt d'envisager la cruelle réalité du vivant.

Dans ces ruelles mortes, sous la chaleur de l'été, le silence et l'ennui rythmaient ainsi ses journées. C'est, dans ce contexte de vie, et par ennui certainement, qu'il apprit comme par fatalité une forme de transgression. Les « bêtises » n'étaient pas rares. Et il fallait déjouer les répercussions de ses méfaits afin d'échapper aux éventuelles punitions à venir. Au fond, c'est par la transgression qu'il apprenait les règles.

L'automne arrivait, le monde paysan s'organisait autour du sacrifice du cochon. La vie était là-bas en effet assez cruelle. Il fallait tuer pour manger ; il fallait supporter, enfant, le fait d'entendre les cris des animaux abattus, par leur égorgement, et leurs râles s'épuiser jusqu'à la mort. Celle-ci était omniprésente. L'épaisseur étouffante qu'elle générait par sa présence marquait aux tout jeunes enfants la direction de la finitude de la vie. À la campagne, on tue, on est tué, on vit avec la mort à ses côtés.

Grandissant, il continuait ainsi à se former dans l'apprentissage de son rapport à la mort et à la transgression. Bercé au son des histoires de crimes, de meurtres, de sorts et de sorcelleries ; il n'avait pas encore tout à fait conscience que ces « ragots » seraient gravés en lui comme la marque au fer rouge que l'on applique sur l'échine des bêtes de troupeaux. Marqué à vie, il le serait, et cela conditionnerait pour longtemps ses choix professionnels. Car cet enfant, c'était moi.

On a coutume de dire qu'il existe un lien ténu entre la vocation professionnelle et le vécu de la petite enfance. Ainsi, la mort, les sorts, les sacrifices, les cris, les râles, mais aussi, la vision des petits chats jetés par la grand-mère du haut du parapet sur le béton en contre bas pour en limiter la prolifération ; et au fond, le rapport à la vie, à la mort, à la transgression, à la justice et à l'injustice devait certainement guider mon choix professionnel. Il s'agissait au fond de se jeter corps et âme dans la lutte contre toute forme de fatalisme.

Très tôt, je me suis convaincu d'exercer un métier d'« utilité publique ». Je ne savais pas encore lequel mais, arrivé à l'âge de

25 ans, après des études en criminologie, de psychologie et de droit pénal ainsi qu'une étude doctorale sur Joseph Vacher, un des premiers tueurs en série français répertoriés [1], j'avais l'intuition que ma vocation consistait à travailler en milieu pénitentiaire. Le milieu fermé m'attirait, non pas par son caractère étouffant, mais au contraire avec pour ambition d'y apporter une forme d'émancipation et d'évasion. Comme si à rebours, la revanche de l'enfant en manque d'oxygène se trouvait là, dans la volonté d'insuffler une bouffée d'air au sein d'un cloaque.

L'amphithéâtre était comble. Le professeur de psychologie clinique avait cette réputation de faire venir les foules à ses cours. Je le rencontrais pour la première fois à l'école de criminologie de Louvain-la-Neuve en Belgique où j'étudiais alors la criminologie dans le cadre de mon diplôme d'études approfondies en criminologie juvénile.

Il était effectivement charismatique. Grand, sec, tonique, les cheveux raides et longs, il n'était pas rare que les étudiants se lèvent en l'applaudissant à la fin de ses cours. J'osais donc un jour, après son intervention, à aller à sa rencontre. *« J'en ai marre de ces gens qui viennent me voir avec leurs névroses »,* me lança-t-il. Ses premiers mots à mon égard firent mouche. Il demeurait à Bordeaux, comme moi, et très vite nous sympathisâmes. Je cherchais un directeur de thèse. Il accepta.

Mon sujet cernait la problématique suivante ; le « crime fou » prouve-t-il la folie chez son auteur ? Je prenais pour assise à ma réflexion le cas de Joseph Vacher, un tueur en série français au 19e siècle. Mon œil avait en effet été attiré un jour de flânerie dans une bouquinerie par la couverture d'un livre figurant deux acteurs que j'appréciais, Michel Galabru et Philippe Noiret. « Le juge et l'assassin [2] » était un ouvrage qui retraçait l'histoire du criminel Vacher. La proximité de nos noms de famille qui appartiennent au même champ lexical avait piqué ma curiosité.

---

1. O. CHEVRIER, *Crime ou folie, l'affaire Joseph Vacher*, Ed. L'Harmattan, 2006.

2. *Le juge et l'assassin*, film de B. TAVERNIER, 1976.

Je ne savais pas alors que cette problématique allait presque tout au long de ma carrière professionnelle me suivre sans que je puisse encore, à ce jour, y apporter une réponse précise et définitive.

Jean Michel LABADIE, mon directeur de thèse donc, avait un parcours atypique. Il avait été, éducateur à la protection judiciaire de la jeunesse (P.J.J.), puis psychologue au sein de cette même administration et enfin responsable d'une chaire en psychologie clinique, à l'université de Paris Villetaneuse, ainsi qu'en Belgique à Louvain-la-Neuve. C'est au cours de nos discussions que je découvrais le métier d'éducateur à la protection judiciaire de la jeunesse. Ainsi et alors que je souhaitais, dans une forme de toute-puissance, briser les portes de la prison, je me déterminais finalement à embrasser le métier d'éducateur qui me paraissait parfaitement destiné à endosser mes valeurs et revendications.

J'entrais donc au sein de l'administration de la protection judiciaire de la jeunesse (P.J.J.) en 1996. La protection judiciaire de la jeunesse est une petite administration du ministère de la Justice. Elle a été créée au sortir de la Seconde Guerre mondiale sous le nom d'« éducation surveillée » afin de prendre en charge principalement les enfants des rues, orphelins désemparés qui s'adonnaient massivement au vol dans un but de survie. L'ordonnance du 2 février 1945 consacrait alors les grands principes de cette justice des mineurs [1].

La politique pénale propre aux mineurs délinquants a subi de nombreuses modifications au cours du temps, et encore aujourd'hui, elle est le fruit d'un ballottement entre la répression, l'éducation et une politique de l'enfermement. À partir des bagnes d'enfants [2] au milieu du 19e siècle, son évolution institutionnelle aboutit à la création de grands ensembles puis de petites unités de prise en charge en foyers dits « d'hébergement ». L'idée a toujours consisté dans la volonté de

---

1. J. CHAZAL, *L'enfance et la jeunesse délinquante*, P.U.F, 1993.

2. Y. ROUMAJON, *Enfants perdus, enfants punis*, Paris, Ed. Robert Laffont, 1989 ; *Ils ne sont pas nés délinquants*, Ed. Pocket, 1981, 328 p.

protéger les mineurs, d'éviter leur dérive vers l'ancrage dans la délinquance et de parvenir à aboutir à leur réinsertion. Cette histoire est longue. Elle est associée à un certain nombre de modèles théoriques de prise en charge que l'on a tendance à occulter lorsque ce sujet est abordé. Ainsi, les modèles de protection, clinique, éducatif, de répression se succèdent et jouent l'alternance, au fil du temps pour ne faire finalement qu'une ronde sous le vent des politiques du moment.

Mais en réalité, avec la perspective d'un regard épistémologique comme l'a défendu mon maître Jean Michel LABADIE, il s'agit systématiquement, à travers ces modèles, de décrire politiquement ou scientifiquement la délinquance des mineurs et plus globalement la délinquance en général, comme un « savoir en négatif » de ce qui fait valeur scientifique à un moment donné [1] dans l'histoire d'une société. Par exemple, lorsque la recherche archéologique constate, à une époque, l'évolution de l'homme, à revers, les sciences criminelles considèrent le criminel comme un être resté à l'état d'« homme des cavernes ».

Est-ce à dire, pour autant, qu'il n'existe pas véritablement de connaissances et d'enseignements sur ce sujet ? Vaut-il mieux parler d'une compilation de savoirs, plutôt que d'un savoir construit qui s'alimente au fil du temps ? Ou bien, est-il plus judicieux de changer de modèle de compréhension et de tenter, à partir d'une clinique éducative, d'élaborer un savoir qui serait partie prenante des observations de terrain ? [2]

J'entrai en 1996 au centre de formation des éducateurs à Marly-le-Roi, en région parisienne. Et cela pour deux ans de stages et de théories avant d'obtenir mon premier poste en 1998 sous le matricule 4209.

---

1. J-M LABADIE, *Les mots du crime, une approche épistémologique des savoirs sur le crime*, Ed. De Boeck,1995, 249 p. ; *Histoire des savoirs sur la peine et le crime*, Ed., Larcier, 2008, 399 p.

2. O. CHEVRIER, *Adolescents et délinquants. Une approche clinique de la justice des mineurs*, Ed. L'Harmattan, 2023, 94 p.

La première question qui me vient alors, dans le bus qui m'amène du centre-ville de Bordeaux à la faculté de droit est celle de la confiance mais, plus globalement, de l'acculturation : comment allais-je pourvoir entrer en relation et même aider des jeunes du même âge que moi ou presque, mais dotés d'une culture totalement différente de la mienne ? Allais-je être compris, entendu ? Allais-je, à l'inverse, les comprendre, et arriver à les aider. ? Fallait-il que je parle le même langage qu'eux ? Étaient-ils vraiment de ceux que l'on nomme « aliénés », c'est-à-dire des êtres différents ? Différents de ceux que les médias décrivent comme dangereux ou comme des « sauvageons » ?

Toutes ces questions auraient pu faire vaciller ma détermination, cependant, je me lançais dans l'aventure. Une véritable aventure qui allait durer 30 ans, avec comme seul outil, mes mots, leurs mots ; des mots parfois, au bord du vide.

1

Que diable allait-il faire dans cette galère [1] ?

Évoquer la question de la délinquance des mineurs implique de ne pas faire l'impasse sur une forme de description, sans doute toute subjective, de l'institution judiciaire qui est vouée à prendre en charge ce sujet de société. Pour cela, il est indispensable d'ores et déjà d'évoquer les grands principes qui guident cette mission d'utilité publique.

La justice des mineurs repose sur trois principes essentiels. Celui en premier lieu de l'individualisation [2] et de la personnalisation des peines, concept développé par Cesare BECCARIA [3] au milieu du 19e siècle et qui s'applique aussi bien aux délinquants majeurs qu'aux mineurs. Nous sommes ici bien éloignés du principe de l'ancien droit qui promulguait le fait que *« la malice prend le pas sur l'âge de l'infracteur* [4] » et qui ne faisait aucune distinction entre un délinquant mineur et un délinquant majeur.

---

1. MOLIERE, *Les fourberies de Scapin*, Ed., Etonnants classiques, 2022, 160 p.

2. R. OTTENHOF, sous la direction de, *L'individualisation de la peine de Saleilles à aujourd'hui*, Ed., Eres, 2001, 288 p.

3. C. BECCARIA, *Traité des délits et des peines*, 1764.

4. LAINGUI André, *Histoire du droit pénal*, Tome 2, Ed. Cujas, 150 p.

Le second principe est celui largement débattu depuis de nombreuses années sur l'âge de raison : le discernement. En d'autres termes, l'enfant est-il en capacité de comprendre les enjeux et la portée de ses actes au moment de la commission des faits ? De ce principe découle en droit celui de la présomption simple d'excuse de minorité. Je laisse ici tous les débats autour de cette question ainsi que les évolutions législatives qui y afférent, et dont les derniers textes en la matière relève du nouveau code de justice pénale des mineurs (C.J.P.M) [1].

Enfin, il est indispensable de tenir compte du principe qui consiste à maintenir l'idée que l'acte ne fait pas identité avec son auteur. C'est une règle qui reste fondamentale dans la prise en charge du mineur délinquant. Ainsi nous considérons dans notre corps de métier que l'humanité gît toujours en chacun d'entre nous, quelle que soit parfois la monstruosité des actes commis.

Il n'est pas dans mon intention de retracer ici toute l'histoire de la prise en charge des mineurs auteurs d'infractions, mais le rappel de ces quelques principes suffit à la compréhension du positionnement de l'éducateur de justice, comme œuvrant au sein de la protection judiciaire de la jeunesse. Sans ces précisions indispensables, il est presque un automatisme de pensée qui surgit dans la société civile, et qui traduit la portée de l'action éducative en la réduisant à vouloir « chercher » des excuses envers le jeune délinquant. Cette vacuité s'illustrerait dans une sorte de « laxisme judiciaire » fantasmé. En effet, l'essentiel de la démarche éducative réside dans la recherche d'un sens à donner à la conduite délinquante. Et par la suite, à tenter de porter ce sens à la conscience du mineur et de sa famille, dans un but d'éducabilité, afin de permettre l'édification d'un barrage à la récidive. Or, à mon sens, il existe en criminologie trop d'amalgames et de confusions entre la notion de sens de l'acte et celui de la cause du crime ou du délit [2].

---

1. Le nouveau Code de justice pénale des mineurs (C.J.P.M) est entré en vigueur le 30 septembre 2021.

2. O. CHEVRIER, Jeunes délinquants. Une approche clinique de la justice des mineurs, *op. cit.*, 2023, 92 p.

Dès les premiers moments de mon entrée dans cette administration au sein de l'école nationale de formation des éducateurs, je sens que la tâche est ardue. La formation des éducateurs est essentiellement fondée sur un principe non-dit de déstabilisation de la personne. Il s'agit de « casser » ou du moins de faire trembler les convictions de l'individu, ses certitudes, ses croyances. Tout ce sur quoi l'enfant, puis l'adolescent et le jeune adulte s'est construit. C'est pour cette raison que le cycle de formation est basé sur la notion de rupture : rupture avec les siens, puisqu'il faut quitter sa famille pour partir en centre de formation, rupture à travers les stages de formation de terrain, parfois éloignés les uns des autres, et dont la temporalité est souvent courte. Ce qui nécessite une forme d'adaptabilité sans cesse mise à l'œuvre chez la personne qui devient peu à peu un « agent de la fonction publique ». L'agent doit ainsi être susceptible de pouvoir travailler ici où là, en fonction des besoins de l'administration, et de s'adapter à n'importe quel environnement professionnel. C'est finalement cette notion de rupture et d'adaptation permanente qui est recherchée et qui est le fil conducteur de toute la carrière. En outre, cette formation « invisible », c'est-à-dire, au-delà des cours et des enseignements théoriques, résonne en plein avec les parcours de ces jeunes dont l'éducateur aura la charge. Des parcours qui sont très souvent émaillés de nombreuses ruptures, familiales ou institutionnelles. Ce qui fait dire à Jean -Michel LABADIE que ces jeunes sont avant tout des « gosses de l'événement [1] ».

Nous sommes très éloignés de l'idée qu'il faut avoir nécessairement transgressé la loi soi-même pour comprendre le délinquant. Mais il s'agit en réalité de s'interroger sur son propre rapport à la transgression, et à la rupture. C'est ce questionnement sur soi qui permet une certaine forme de rencontre « vraie » entre l'éducateur et le délinquant, une forme de reconnaissance intime. C'est à partir de cette reconnaissance qu'un lien relationnel peut être tissé et que l'œuvre éducative peut se déployer tout en assurant une forme de juste distance

---

1. J.M LABADIE, *Psychologie du criminel, logiques de l'irréparable*, Ed. L'Archipel, 2004, 419 p.

entre l'éducateur et le mineur, entre le mineur et ses actes, entre le mineur et la victime.

Les faits auxquels l'éducateur est confronté dans sa pratique professionnelle impliquent en effet de se protéger par une forme de mise à distance compassionnelle. Bientôt, je rencontre toutes les formes de personnalités : du jeune en souffrance physique, à celui en grande dépression, suicidaire, violent, manipulateur, pervers, auteur de vols, de violences, de crimes, d'incestes, de viols, d'agressions sexuelles. Mais il faut à chaque fois s'adapter, chercher à comprendre, à faire comprendre, à tenter de donner un sens, non pas justificatif mais qui permet de cheminer vers le but de la réparation de l'auteur et des victimes au cours d'un accompagnement éducatif qui aboutit devant le prétoire.

Approcher ces jeunes, placés à la marge de la société, nécessite de se présenter à eux, à la façon d'un artiste d'art brut, à la fois socialisé, porteur de la Loi mais aussi quelque peu en « décalage » de la société. Car l'éducateur pourrait se définir comme un être qui obéit en résistant [1], un résistant « à sa manière », par exemple dans sa lutte face aux politiques sociales publiques, et parfois par rapport à ses convictions relativement aux décisions des magistrats.

C'est un soir d'hiver, j'ai juste une adresse en poche. Je viens de réussir le concours d'éducateur à la protection judiciaire de la jeunesse et déjà je dois faire un stage à quelques centaines de kilomètres de mon domicile. J'erre dans cette ville qui m'est inconnue. Je passe à travers une cité pour arriver au lieu convenu. C'est un foyer d'accueil d'urgence qui m'héberge cette nuit et pour la durée de mon stage d'une semaine dit de « découverte des institutions ».

L'endroit est sombre, et vaste à la fois. Un poêle gît au milieu de la pièce de vie. Une personne me reçoit, elle est au courant de ma venue. Elle me conduit à ma chambre. Le lit en fer est fixé au sol, la pièce dispose d'un confort plus que minimum. Je pose mon sac sur le lit et m'assieds sur le matelas, pensif. Je me décide finalement à redescendre dans la pièce de vie. Il y a là un homme

---

1. ALAIN, *Propos d'un normand*, Ed, Gallimard, NRF, 1960, 312 p.

d'un certain âge, la conversation s'engage. Premier contact avec une misère sociale que je ne connaissais pas, ou si peu, ou plutôt si différente. L'homme m'explique qu'après son divorce il a tout perdu, et qu'il a, comme on dit, « sombré dans l'alcool ». Puis, est venue la rue, celle qui récupère toujours les naufragés du social. Son discours tourne en boucle. Ses mots sont ceux d'un disque rayé qui s'enchaînent inlassablement et finissent par se perdre au fond d'un puits de fatalisme. J'écoute, parfois j'acquiesce. Je ne peux m'empêcher de penser que l'éducateur est d'abord un humaniste, un des derniers qui existe au sein d'une société fondée majoritairement sur l'intérêt et la réussite personnelle. Cette réflexion me fait penser à P… dont l'image apparaît soudainement devant moi.

P… est un ancien éducateur, une sorte de « dinosaure » que l'on rencontre une seule fois dans sa vie professionnelle. Il est mon tuteur de stage l'espace d'une semaine. Il cumule les difficultés avec l'administration car, sans doute, un peu trop perturbateur ou dérangeant. P… dit ce qu'il pense et cela n'est pas apprécié par sa hiérarchie. Doté d'une forme d'humour sarcastique, il lui arrive de jouer la provocation. C'est par exemple ce jeune garçon « présenté » devant le procureur de la République pour avoir tiré dans la rue sur des inconnus avec une carabine à plomb. P… remonte voir le procureur après s'être entretenu avec le mineur et propose d'inscrire le garçon dans un centre de tir afin de lui éviter de prendre des anonymes pour cible sur la voie publique. Je ne sais pas ce que cherchait à faire P… par ce type de comportement provocateur. Toujours est-il que l'administration lui impose bientôt un poste éloigné des tribunaux afin de ne plus être en contact ni avec les mineurs ni avec les magistrats.

Je le revois faire ses cartons dans son petit bureau au bout du couloir du tribunal pour enfants. Il me regarde avec un sourire, il se penche vers moi et me souffle à l'oreille : *« je dois te le dire car on ne te le dira plus jamais ; tu es un humaniste »*. P… a disparu de la mémoire administrative. Un numéro de matricule, puisque nous en sommes tous dotés au sein de l'administration, « ça » se déplace, « ça » s'écarte et « ça » s'oublie.

P… avait raison, personne ne me l'a jamais redit. Mais, en ce soir d'hiver, devant cet homme, au milieu de ce foyer sombre et vétuste, P… est là, à mes côtés. Je sais que désormais, les prisons, les unités pour malades difficiles, les hôpitaux psychiatriques, les centres éducatifs de tous ordres, tous ces lieux d'exclusion sont destinés à m'ouvrir leurs portes. L'espace d'un instant, je me demande ce que je viens faire dans cette galère. Et par un effet de symétrie, je ne peux que constater le fait géométrique par lequel le galérien des institutions vient se superposer au galérien de la rue.

Je suis désormais titularisé sur un poste d'éducateur remplaçant, dans une grande région qui comprend deux départements. Je suis envoyé de services en services selon les déficits en personnel. Mais alors que je pense être plutôt bien accueilli dans les établissements où je suis amené à œuvrer, je suis surpris du contraire lorsque je rencontre V… lors de ma toute première mission. Ce dernier me confie dès mon arrivée au foyer : *« ici, au sein de ce foyer on n'aime pas les éducateurs remplaçants, car leur existence permet à l'administration de s'empêcher de recruter de « vrais personnels » titularisés sur un poste »*. Après ces paroles salvatrices, et toutes syndicalistes, V… me laisse les clés du foyer et en bon breton, met les voiles sans un autre mot. Plus tard et comme en forme de pied de nez à son attention, j'écrirai un texte dans la revue du syndicat majoritaire des éducateurs intitulé : *« l'éducateur remplaçant, un bouche-trou au service du service public »*.

Mais pour le moment, je me retrouve dans un établissement que je ne connais pas, sans consignes, et dans lequel je vais devoir assurer seul le service de soirée.

2

Du « foyer baskets » au foyer délabré

Je suis cette fois convaincu d'avoir bien mis les pieds sur une galère. D'ailleurs, les mineurs eux-mêmes, avec leur sens aigu de l'observation, ne sont pas les derniers à traiter les éducateurs de « galériens ». Les jeunes rentrent de leur journée au foyer, un à un, je suis seul en service. Ils ne me connaissent évidemment pas. C'est une aubaine d'avoir à faire à un inconnu, d'autant que l'un d'eux m'explique qu'un peu plus tôt dans la journée, la directrice de l'établissement lui a appris son départ pour le lendemain dans un centre éducatif renforcé (C.E.R) [1]. Toutes les conditions sont donc réunies pour mettre l'éducateur remplaçant que je suis en grande difficulté.

Un des jeunes, ils sont une dizaine, lance alors : *« ce soir c'est foyer baskets ! »*. Effectivement, je vais passer l'entière soirée à courir après ces jeunes qui s'amusent de la situation. Puis c'est évidemment le regroupement dans une chambre, où la consommation de cannabis va bon train. N'en pouvant plus et finalement ne sachant trop que faire, je prends le parti de contacter la directrice de l'établissement qui me rétorque sèchement avant de raccrocher : *« que voulez-vous que je fasse !*

---

1. Les C.E.R sont des centres qui accueillent des mineurs de 13 à 18 ans. Ils assurent, dans un cadre pénal, une prise en charge individuelle intensive et contenante basée sur la rupture d'avec le milieu naturel du mineur.

vous intervenez ou vous appeler la police ». Je continue ainsi à jouer au chat et à la souris jusqu'à l'arrivée des veilleurs de nuit. Le nombre d'adultes finit par permettre le retour au calme. Il faut noter que les veilleurs de nuit ont depuis été supprimés dans les établissements de placement et cela dans le cadre d'une politique budgétaire de restrictions des moyens. Désormais les éducateurs qui travaillent en foyers d'hébergement doivent effectuer à la fois des journées et des nuits. Ce qui peut nuire à la santé individuelle au vu des bouleversements du rythme biologique que cela engendre. Plus largement et au-delà de cet exemple, c'est la mise en situation de travail qu'il convient parfois d'interroger. Celle-ci ne rend pas toujours le travail aisé, notamment lorsqu'elle provoque des situations d'isolement professionnel.

Malheureusement, je n'en ai pas fini avec cette question, puisque ma seconde mission m'amène dans un autre foyer de la région. Ici aussi, les services se font seuls, et c'est l'occasion pour les collègues de vérifier les capacités du nouvel éducateur à, comme il est dit, « savoir tenir un groupe ». Il s'agit en réalité d'une mise à l'épreuve. J'aurais l'occasion de décrire un jour le fonctionnement d'une équipe socio-éducative en situation de travail. Mais ici les choses sont d'autant plus compliquées que le foyer est en cours de déménagement. Pour cette raison, la mairie a prêté à l'administration un tout petit centre de loisirs absolument inadapté à la prise en charge de jeunes délinquants.

Les soirées y sont très agitées, et sont faites de mise en danger de la part des mineurs. C'est ma première agression subie où, face à mon refus de le laisser sortir le soir, l'un des jeunes se saisit d'un extincteur, le dégoupille et appuie sur la gâchette devant mon visage. Heureusement pour moi ce soir-là, l'extincteur ne fonctionne pas. L'administration semble avoir des difficultés à entretenir parfois ces locaux. Est-ce dû à une lourdeur administrative dans la gestion de l'immobilier ? Ou tout simplement à une forme de laisser-aller ? Il est difficile d'apporter vraiment une réponse à cette question, mais cette fois-ci, la vacuité administrative me sauvait la mise. Il existe cependant parfois des exemples particulièrement parlant.

En effet, je constate depuis les années 2000 une confrontation entre ce qui relève de la prise en charge éducative des mineurs délinquants et de ce qui relève des nécessités d'une politique économique et pénale de rigueur. Tout semble donc se jouer dans cette assertion : comment faire de l'éducatif au moindre coût ? Ou comment faire en sorte que l'argent publique mis à contribution dans l'éducation de ces jeunes soit, sinon avantageux, du moins utilisé à bon escient ? Ainsi, il est interdit de dépenser à perte, comme si la socialisation d'un mineur, la lutte contre la récidive, la compréhension du passage à l'acte était quantifiable et monnayable.

Dans cette logique, la mise en place d'une équipe éducative, c'est pour « tant » de jeunes, et pas moins. L'élaboration d'un projet éducatif, c'est « tant d'euros et pour tant de jeunes », la prise d'un repas avec un mineur c'est « tant » et pas plus, quand on veut bien prendre en charge le repas de l'éducateur qui accompagne ce dernier. Seuls semblent désormais compter les chiffres : le nombre de jours de prise en charge, le « taux de remplissage » des foyers, le coût de telle ou telle action éducative. Tout cela semble être en réponse à une politique économique de restriction des moyens. Cette visée conduit actuellement à la déconstruction des outils éducatifs comme l'hébergement peut en être un. Mais si elle n'en est pas l'unique cause, je prétends que face à cette pression administrative, les foyers sont souvent « remplis n'importe comment » et notamment essentiellement par des accueils d'urgence. Ce qui conduit le plus souvent à l'échec dans les prises en charge, parce que le versant éducatif n'est plus priorisé et cela au profit d'une forme d'adage administratif qui consiste à soutenir « qu'un lit, c'est une place, donc de l'argent investi à rentabiliser ». Les questionnements sur les problématiques des jeunes, le sens du placement, la constitution du groupe pris en charge, passent ainsi le plus souvent à la trappe pour privilégier des bilans mensuels, trimestriels ou annuels d'activité.

La première chose que l'on voit en ouvrant la porte de ce nouvel établissement dans lequel je suis amené à travailler est une énorme « cage anti-suicide » qui a été érigée au centre de l'escalier de la maison, du sol au plafond. Ce mobilier avec ses barreaux de bois incite à peu d'optimisme quant à la vie en ces lieux. L'établissement est installé ici depuis 18 mois, car une nouvelle fois il s'agit d'une délocalisation. L'administration a pris le parti de déplacer « temporairement » ce dernier. Ce qui a installé l'équipe éducative dans un inconfort professionnel qui s'illustre par une forme de laisser-aller dans la vie quotidienne du foyer. D'autant plus que la majorité des éducateurs habitent alors à 100 kms de ce site.

Le bureau du chef de service et du secrétariat est un vrai capharnaüm. Il est impossible de retrouver un contrat d'entretien ou une facture. Les documents administratifs se mélangent avec différents courriers de natures diverses et variées. Les armoires sont pleines à craquer d'archives sans aucun rangement ou ordre quelconque. Les données sur l'ordinateur semblent avoir été perdues suite sans doute au fait que l'électricité du bâtiment disjoncte régulièrement. Dans le garage, c'est le même constat. Des outils sont mis là, pêle-mêle. Des bidons de carburants se côtoient dangereusement. Il n'existe aucun rangement. Ce lieu sert également de salle de sport pour les jeunes. En son milieu gît un banc de musculation et un sac de boxe. Faute de place, et du fait d'un manque patent de réflexion autour de cette question, le véhicule « Renault Kangoo » appelé véhicule « annexe » reste stationné à 100 kms, sur l'ancien site. Le garage en effet, permet uniquement de parquer le « Renault master », un véhicule collectif, qui est voué aux déplacements du groupe de jeunes et des éducateurs. Lorsque le besoin d'utiliser le Kangoo se fait sentir, il faut donc anticiper, et prendre le train pour aller chercher ce véhicule afin de revenir avec. Ce qui finalement engendre une perte de temps et d'argent.

Le jardinet extérieur est laissé à l'abandon. Les locaux intérieurs sont sales et dégradés. Apparemment aucune réfection n'est faite. La porte de la direction est cassée et réparée maladroitement avec un bout de planche. Il en est de même de la porte d'une chambre d'un jeune. Le bureau du psychologue a vu son plafond s'effondrer suite à un dégât des eaux. Il existe çà et là des trous faits dans les murs, dus certainement aux crises de colère des jeunes pris en charge. Dans deux pièces de la maison, une grande trace noire d'humidité au plafond, symbole d'une infiltration d'eau est remarquable. J'arrive à mettre la main sur le cahier d'hygiène et de sécurité du foyer où il est indiqué que les garde-corps des balcons à l'étage ont été enlevés et que des pierres de la façade sont déjà tombées sur le trottoir en contrebas. Face à ce constat, je décide de moi-même de faire un peu de ménage et je jette une ancienne machine à laver qui ne fonctionne plus mais qui fait office de meuble ainsi qu'un des deux canapés du salon littéralement détruit par les jeunes. J'ai l'impression de pénétrer dans un squat.

Je rencontre la directrice de l'établissement, qui est sur le départ par la voie de la mutation. Nous faisons ensemble l'état des lieux. Force est de constater qu'elle vient très rarement au foyer. Elle donne l'impression de découvrir l'endroit. J'en profite pour lui montrer une grande bâche que j'avais prise pour une poubelle mais qui en réalité est un sac énorme ou sont jetés tous les dossiers éducatifs et judiciaires des jeunes ayant été placés jusqu'ici.

L'été passe, une nouvelle directrice est affectée. Elle n'était jamais venue. Elle fait le même bilan que moi. Elle considère qu'il est impossible de recevoir des jeunes dans ces conditions. Elle fait venir un plombier afin que ce dernier examine la fuite d'eau qui avait causé l'effondrement du plafond du bureau du psychologue. Ce professionnel indique qu'il s'agit tout bonnement d'un joint du carrelage de la douche qui est à changer. Apparemment, personne n'avait souhaité réaliser ces petits travaux d'entretien courant, en prétextant que c'était à l'entreprise qui avait installé la douche de procéder à cette réfection. Ainsi, face à l'inertie de tous, le plafond avait pourri et était tombé. Fort de cette expérience, nous faisons venir une société de contrôle de la sécurité électrique. Le diagnostic est accablant. L'installation n'est pas aux normes et un risque d'incendie dû à un éventuel court-circuit est une menace permanente. Il faudra là encore réaliser des travaux.

Ces expériences, même si elles ne sont pas généralisées ou généralisables à tout le territoire, ne semblent pas pour autant exceptionnelles et elles peuvent interroger parfois sur les conditions de placement des mineurs. Ces mêmes jeunes qui bien souvent, ont vécu des situations familiales dramatiques et qui s'inscrivent dans des dynamiques complexes, où les rôles et les places de chacun sont confus, diffus ou interchangeables. Et pour lesquels les délits expriment au premier plan une souffrance, un défaut de socialisation, ou une rupture rencontrée dans leur histoire. Ainsi, l'absence d'un père (décès, suicide, abandon), un accident traumatique, une agression sexuelle dans l 'enfance, un système familial avec un fonctionnement anomal, paralysent le phénomène de résilience. L'échappatoire est alors constituée le plus souvent de comportements de mal-être « qui se voient » socialement et qui viennent heurter les règles : alcool, drogue, troubles psychiques voire psychiatriques, appartenance à une bande, recherche d'une identité, ou d'un narcissisme dans la confrontation à la Loi et aux autorités.

Il convient d'expliquer ici que l'acte délinquant (qui constitue avant tout une rupture et manifeste une souffrance) n'est pas uniquement du ressort de la conscience de son auteur. Il est utile de distinguer la conscience chez le mineur de commettre un acte, de sa volonté de commettre ce dernier. Certes le délinquant sait qu'il commet un vol. Lorsqu'il réalise ce dernier, il en a la volonté, mais tout le travail de l'éducateur consiste à lui faire comprendre pourquoi il commet un vol et surtout quel sens peut avoir cet acte dans son parcours personnel et familial : finalement, c'est un réveil de la conscience qui est visé. Je suis souvent surpris du peu de conscience qu'ont les mineurs des conséquences de leurs actes. C'est tout le débat sur le discernement qui s'ouvre ici. Je me rappelle ce jeune mis en examen pour assassinat, modification d'une scène de crime et recel de cadavre et qui pourtant semblait n'avoir aucune conscience de ce que le fait de tuer un être humain peut revêtir de gravité. Nous devons toujours garder à l'esprit que ces jeunes sont et restent avant tout des enfants auxquels on ne peut demander la même maturité et le même discernement que celui que l'on attend chez les adultes.

Il s'agit donc d'un travail de longue haleine, qui coûte avant tout en énergie chez l'éducateur. Il est facile en effet, de « connaître le terrain » sous le prétexte d'avoir été « un professionnel de terrain ». Mais l'éducateur qui connaît le terrain, c'est celui qui compose avec les joies, les pleurs, les crises, les peurs et les angoisses du jeune. C'est celui qui monte dans les étages des tours d'immeubles sans vraiment savoir où il met les pieds, ou ça sent l'urine dans les cages d'escalier. C'est l'éducateur qui va dans les caves le soir à la recherche d'un jeune en fugue et qui se met parfois lui-même en danger. C'est aussi celui qui connaît la violence physique dirigée contre lui et qui un jour aura malheureusement reçu des coups. La réalité administrative paraît bien loin aujourd'hui de cette réalité de terrain. Il s'installe désormais une forme de pression sur les équipes éducatives dans une préoccupation où la question de la qualité de la prise en charge éducative laisse de plus en plus la place à la gestion de « stocks » d'enfants.

3

Les poupées qu'on déchire

Le foyer est une grande maison bourgeoise, comme beaucoup d'établissements de la PJJ achetés à une autre époque, au sortir de la Seconde Guerre mondiale. J'y fais ma première soirée avec les jeunes et les éducateurs. Une jeune fille est là, nous discutons. Elle finit par me dire *: « tu ne seras pas un bon éducateur parce que tu es trop gentil ».* La gentillesse, l'humanité, elle ne les connaît pas. Elle n'a vécu que des ruptures, des violences, des agressions subies, ou exercées par elle. À ces yeux, c'est moi, « l'aliéné ». Je suis comme une comète dans son ciel de violences. J'étais pourtant convaincu du fait que la gentillesse, qu'une forme d'amour compassionnel était la façon première d'aider ces enfants de la galère, « ces gosses de l'événement ».

Melissa aussi est une jeune fille en souffrance, elle refuse le placement. Comme beaucoup, elle s'offusque des décisions judicaires, elle se braque devant son juge. Elle l'insulte. Pour elle, la justice ne sert qu'à l'objectiver en la faisant « paquet » que l'on renvoie de foyers en foyers et que l'on « déchire comme une poupée », tant à chaque fois qu'on la déplace d'un foyer à un autre, cela lui rappelle et la ramène sans cesse à son passé désarticulé. Ainsi, à la façon de ces naufragés arrimés à un morceau de bois sur l'océan, elle attend des heures durant derrière la fenêtre de sa chambre, celui qu'elle appelle « son amoureux », figurant ainsi le désespoir de voir passer au loin l'inespéré cargo qui pourrait lui promettre une vie meilleure.

Sophie, elle, se balance sur une chaise en continu comme pour tenter de contrôler ce corps qui ne lui appartient plus tant il a été chosifié par son paternel agresseur. Peu à peu, un mur défensif se monte autour d'elle. Elle devient forteresse, monolithe imperturbable et murée dans un silence de morte-vivante. Les filles sont bien mal prises en charge par les institutions judiciaires. Il existe en effet peu de structures adaptées ou alors immédiatement fermées, et la prison ne leur prévoit de partager que les quartiers réservés aux femmes. Le mal être est pressant au foyer. Sophie descend de sa chambre et entre dans le bureau des éducateurs, comme déboussolée, vidée, elle s'adosse contre le mur sans un mot, presque en état d'évanouissement, le sang coule abondamment sur ses avant-bras. L'insupportable l'avait amené à ne plus vouloir vivre, ce soir-là.

Il faut bien considérer que ces enfants, ces enfants dit « de Justice », sont d'abord et en premier lieu, en souffrance, et c'est cette souffrance qui les conduit à adopter des comportements inadaptés comme les vols, les fugues, les tentatives de suicide. Ce constat fait dire au Professeur Loïck VILLERBU [1] que ces jeunes sont dangereux là où ils se sentent en danger. C'est-à-dire dans leur rapport au corps, dans leurs relations sociales, dans ce qui les touche au fond, comme certains mots, certains regards parfois et plus simplement, par tout ce qui les relie à leur douleur. Philippe JEAMMET [2] a tendance à les comparer à des fils électriques dénudés, qui vous électrisent dès qu'on les approche, tant la violence sourde de leur souffrance est palpable.

Ainsi les politiques de mise au pas, de fermeté, de répression passent souvent à côté des problématiques et ne tablent que sur

1. L. VILLERBU, *Dangerosité et vulnérabilité en psychocriminologie*, Ed. L'Harmattan, 2003, 302 p.

2. P. JEAMMET est pédopsychiatre, professeur des universités et psychanalyste. Il est spécialiste des troubles du comportement chez les adolescents. *La souffrance des adolescents*, Ed., La découverte, Paris, 2007.

le pari d'un conditionnement à la manière de ce chien pavlovien [1] que l'on éduque par des automatismes réflexifs. L'approche éducative et pédagogique à souvent était critiquée au profit de la répression. Mais la justice des mineurs se veut un savant mélange entre ces deux pôles. Ce qui est parfois mal compris par la population en générale. Et c'est lorsque son propre enfant se retrouve devant le tribunal que la valeur de cette philosophie prend tout son sens même chez celui qui jusqu'alors était le plus fervent partisan de la répression pour ces adolescents « à problèmes ». C'est ce gendarme, ce médecin, ce procureur de la République, ce directeur des douanes et même ce psychologue expert auprès du tribunal, qui, dans une forme de confidence me remercie, tout en balbutiant quelques bribes de réflexions sur son changement de conviction quant à la réponse à apporter à la délinquance des mineurs.

Il se fait tard, très tard, le tribunal est désert. Les pas des derniers auxiliaires de justice qui quittent le tribunal résonnent au loin. J'attends devant la porte du juge. Le garçon est déféré devant le magistrat après avoir passé 48 heures en garde à vue. Mon rôle alors, puisque j'interviens dans le cadre de l'unité éducative auprès du tribunal (UEAT) est de proposer au Parquet une alternative à sa mise en détention. Les parents sont prévenus depuis le début de la garde à vue. Ils n'ont pas le droit de voir leur enfant. Depuis la vieille, j'ai passé dans toute la France pas moins de 40 coups de téléphone pour trouver un foyer prêt à accueillir le jeune homme et à en faire la proposition au juge. Les parents vont arriver d'un moment à l'autre avec un sac de vêtements, au cas où la proposition alternative à l'incarcération serait rejetée par le magistrat. Dans le cas contraire, je devrai me mettre en route pour conduire le mineur sur son lieu de placement, peu importe l'heure et le temps passé sur la route.

Mais auparavant, je dois faire mon entretien éducatif en bas, dans les sous-sols du tribunal, dans ce que l'on nomme encore

---

1. Y. PAVLOV est un médecin russe (1849-1936). Il est à l'origine de travaux sur les réflexes conditionnés en tant que forme d'apprentissage et notamment par des expériences réalisées sur des chiens. Sa théorie signe les prémices du behaviorisme ou comportementalisme.

les geôles du palais de justice. Avant moi ou après moi il y aura aussi la visite d'un avocat, souvent commis d'office dont la mission consistera à défendre le mis en examen. Cet instant, je l'ai vécu tant de fois depuis que j'exerce au sein de ce service, en toute proximité avec les magistrats du siège ou du parquet. Rarement, j'ai vu pleurer ces jeunes dans ce moment pourtant si intense émotionnellement. La plupart du temps abattus, je les ai entendus quelquefois hurler de désespoir. J'entends encore aujourd'hui ces cris derrière cette lourde porte annonciatrice de la prison.

Devant moi, le mineur s'assoit sur une chaise. J'ai appris que tous mes entretiens doivent laisser une échappatoire à celui qui se trouve en face de moi. Je suis donc systématiquement contre le mur et le mineur dos à la porte de sortie, même si évidemment dans ces conditions ces précautions peuvent paraître bien dérisoires. L'endroit ne sent pas bon. Comme pour les locaux de garde à vue, qui me sont eux aussi bien connus, tout n'est fait que de béton : lit, toilettes, tout est immobilisé dans la masse. Quelques écritures éparses arrivent pourtant, et malgré tout, à s'illustrer sur les murs. Des mots qui ont vocation à s'envoler à travers les barreaux.

J'entre dans la geôle pendant que le policier part chercher le mineur dans la cellule d'à côté afin de me le ramener. Je salue l'adolescent, et me présente, le lourd loquet de la porte claque derrière moi, nous sommes seuls. L'entretien dure peu de temps, je dois faire mon rapport en urgence au magistrat. J'ai pendant les heures précédentes, réalisé une enquête rapide sur la situation sociale, familiale, scolaire du jeune. J'ai rencontré les parents, et cette entrevue est le dernier élément nécessaire à la rédaction de ma proposition alternative à la détention, et donc à l'idée que je me fais de la situation.

J'explique la procédure au jeune homme, et ce qu'il encourt pénalement. Je fais, mais cette fois avec lui, le point sur sa situation sociale, scolaire, familiale, et je veux entendre ce qu'il dit de son passage à l'acte, s'il en comprend le sens et la portée. Il doit me raconter les conditions dans lesquelles il a commis l'infraction, s'il regrette, et s'il a une pensée pour la victime, pour sa famille. Je tente d'apercevoir chez lui, ce qui pourrait faire sens dans cette conduite délictueuse afin d'éclairer les magistrats et les aider dans leur décision finale. L'enjeu est énorme, puisque le débat devant le juge d'instruction puis devant le juge de la détention et des libertés concerne le placement ou non en prison. Ce soir-là, les parents repartent avec le sac de vêtements qu'ils avaient amenés « au cas où », et ils n'ont que quelques minutes pour dire au revoir à leur fils qui, encadré par deux gendarmes et les mains menottées dans le dos est immédiatement conduit au centre de détention de la région. Je rassure comme je peux les parents, leur donne quelques informations sur le fonctionnement de la prison et nous finissons par nous séparer.

Les parents bien souvent désemparés sont rarement démissionnaires comme on l'entend à l'envi dans les médias. Ils sont reçus le lendemain au sein du centre éducatif de milieu ouvert afin de les accompagner eux aussi dans ce qui reste une épreuve. Il s'agit avec eux de commencer un long travail et parfois fastidieux travail qui consiste à comprendre la complexité de la situation, et l'imbrication des enjeux tant personnels, familiaux, institutionnels qui gravitent autour de ces jeunes dits délinquants. Souvent je dois conduire les parents visiter leurs fils au parloir famille, au vu de leurs faibles moyens financiers et de l'éloignement géographique des centres pénitentiaires. Il s'agit d'une lourde prise en charge qui débute. Je sais que si tout se passe bien en détention, et d'ici environ 3 mois, je pourrais à nouveau tenter de demander au juge une alternative à la détention. Avec cette idée que les mots de l'éducateur sont souvent comme « au bord du vide », et résonnent en moi comme l'image d'une corde de rappel à laquelle le jeune et sa famille se raccrochent pour ne pas chuter définitivement.

L'éducateur possède en effet peu de moyens pour entrer en relation avec le jeune qui lui est confié par le juge. Il procède donc naturellement par l'intermédiaire du langage. On voit ainsi se décliner autant d'utilisations de la langue parlée ou écrite, qu'il y a d'éducateurs. L'un se présente comme le porte-parole de la Loi et du cadre pénal, l'autre joue de bons mots. Un troisième use d'images et même de récits ou de contes. Ces derniers endossent alors d'ailleurs parfois le rôle d'un véritable « média éducatif », sorte d'espace transitionnel au sein duquel la rencontre devient parfois possible.

C'est un foyer de jeunes filles en banlieue bordelaise. Au bout d'une longue rue sans issue, en lisière d'un bois, derrière un portail en fer, je vois se dessiner la silhouette d'une ancienne et grande maison bourgeoise. C'est Luc, l'éducateur de service cet après-midi-là qui m'accueille. Les jeunes filles placées ont entre 15 et 18 ans. Elles sont au nombre de 20. Très vite, je vois se détacher plusieurs clans. Il y a les « dures », celles qui semblent n'avoir peur de rien ni de personne, et qui ne ménagent d'ailleurs personne, même pas, celles qui font partie de leur propre bande. Et il y a les autres, plus fragiles, sans cesse en quête d'attention de la part de l'adulte, cassées par un passé douloureux. La différence entre elles toutes réside finalement dans la façon dont leur corps, leurs émotions, leurs personnalités se sont forgées à partir des traumatismes qu'elles ont subis.

Très vite, je suis plongé, presque malgré moi, dans le quotidien de cette institution pour enfants perdues. Des épisodes violents, des scarifications, l'aveu d'un viol dans une colère contre un éducateur scandent les jours. Des bagarres explosent aussi, parfois très violentes, au milieu desquelles il faut se jeter afin d'essayer d'en limiter les conséquences pour les unes comme pour les autres. Dans ce contexte, l'éducateur doit aussi penser à se protéger. C'est un soir au repas, un pot de moutarde lancé au visage et évité de justesse, un autre jour c'est le téléphone du bureau qui frôle la tête. Il n'est pas rare de rentrer chez soi griffé aux avant-bras pour avoir démêlé les filles de leurs conflits physiques. Des tentatives de séduction s'immiscent aussi, il faut apprendre à les décoder et les analyser.

Mais il y a aussi des instants uniques, presque paisibles, et des échanges où enfin la relation éducative « passe. ». C'est le cas de ces discussions sur la justice, parfois sans fin, qui démarrent le plus souvent par une remarque et qui, on ne sait pas pourquoi, bien plus tard encore, restent gravée dans la mémoire de l'éducateur. Ces instants privilégiés, il est possible de les faire émerger dans le maniement des mots. Par le biais par exemple de l'atelier d'écriture que j'avais mis en place avec ces mêmes jeunes filles. Les aveux s'immiscent alors, même s'ils ne sont que des « phrases caméléons », colorées de quelques histoires imaginées qui recouvrent la réalité des émotions. Pourtant, malgré l'écoute que l'on apporte à ces mots, malgré cette prudence et ce « qui vive », il n'est pas rare qu'une confession, qu'un souhait maquillé par une autre demande ou une histoire inventée, échappe à l'éducateur. Je n'ai pas entendu Françoise ou compris l'écho que cet atelier avait chez elle.

4

Des mots tordus aux mots perdus

La jeune fille adore la littérature, c'est presque une passion chez elle, et dans le même temps, au foyer, elle se scarifie régulièrement les avant-bras. Contre toute attente et en décalage avec les heures qu'elle passe à lire, elle exprime le souhait de devenir plombier. Françoise est comme « décalée », comme son mot fétiche, l'« oxymore [1] », dont elle passe son temps à apprendre la signification aux uns et aux autres. Tout chez Françoise illustre cet « oxymore ». Elle est une contradiction à elle seule, faite pour attirer l'attention.

Pourtant, personne n'a vu son appel. Au terme de l'atelier d'écriture qui a duré plusieurs semaines, Françoise écrit à sa mère, celle qu'elle avait rayée de sa mémoire, puis, dans la foulée, s'expose à une grave tentative de suicide. Je n'ai jamais revu Françoise. Je ne sais pas comment elle s'en est sortie. Je crois qu'elle a gardé des séquelles de son passage à l'acte. Je me suis contenté d'élaborer intellectuellement un éventuel rapport entre les lignes qu'elle se traçait au couteau sur ses avant-bras et l'écriture qu'elle avait faite sur un papier à sa mère. Une écriture qui l'avait libérée d'un aveu tout en provoquant son passage à

---

1. Oxymore : figure de style qui consiste à allier deux mots de sens contradictoires.

l'acte suicidaire. Je n'ai pas entendu la phonétique de son jeu de mots inconscient qui la parait déjà du voile annonciateur du drame : « l'occis-mort »

Les mots ont ce don d'ubiquité et le recours aux contes aussi recèle ce pouvoir presque magique de délier les secrets. Je me rappelle avoir eu l'idée de lire le soir au foyer le conte de Madame Le PRINCE DE BEAUMONT, « la belle et la bête [1] ». D'abord deux filles puis trois, puis quatre s'installent dans la pénombre de la chambre pour écouter l'histoire dans un rare moment d'apaisement. Une histoire rêvée, dans laquelle le monstre devient prince, libéré d'un anathème de naissance.

Mais, comment faire, lorsque les mots « ne passent pas ». Lorsque le langage ne suffit plus à relier les deux rives de la communication entre l'émetteur et le récepteur ? Comment s'y prendre pour créer une relation éducative par laquelle, dans un semblant de confiance dans l'adulte, le jeune se laisse aller à briser son armure de douleur ?

C'est cette question qui me vient immédiatement à l'esprit lorsque je rencontre H... lors du premier entretien éducatif que j'ai avec lui. Le jeune homme ne parle pas, il est hermétique à tous les discours. Il se contente de baisser la tête et, encapuchonné, ne dit rien. Il serre les dents comme pour réprimer un sentiment de colère extrême. L'éducatrice qui était chargée d'assurer le suivi éducatif jusque-là aboutissait à une impasse. Comment savoir si le jeune comprend ce qu'on lui dit ? Comment savoir si nos mots sont les siens, s'ils ont un sens pour lui : cadre pénal, sanction, prison, victime. Tous ces mots ont-ils une quelconque signification pour H... ? Le garçon semble être perdu en terre désertique de mots.

C'est un jeune homme de 17 ans, un grand adolescent. Il est mis en examen pour avoir donné un coup de couteau à un autre jeune de la cité. Par suite des faits, il est placé en détention

---

1. LE PRINCE DE BEAUMONT, *La belle et la bête*, Ed. Flammarion, 2021, 128 p.

provisoire puis dans un centre éducatif fermé [1]. Dans ces deux lieux, H... va mal. Il fait une tentative de suicide en prison, puis il multiplie les incidents au centre éducatif fermé. Violences verbales d'abord, puis surtout physiques à l'encontre des éducateurs. Il tente de mettre le feu sur une éducatrice, il est à l'initiative d'une forme de mutinerie. Finalement, il retourne en prison. Que c'était-il donc passé, alors que son éducatrice parlait du centre fermé comme d'un lieu « neutre » qui pouvait permettre à H… « de se poser » ?

Lorsque je reprends son suivi, c'est la relation à sa mère qui de suite retient mon attention. H... est dans l'impossibilité de quitter à la fois sa mère et son quartier. Comme pour un tout petit enfant, sa mère est son seul et unique point d'ancrage, et cela malgré une relation très complexe, faite d'un passé de maltraitances et de violences conjugales importantes, au cœur desquelles H... semble avoir toujours été le souffre-douleur. Un jour, alors que je fais des compliments sur le chien de la famille, un gros chien d'attaque, sa mère me confie, très fière : *« je l'ai élevé comme un enfant... »*. Étrange comparaison lorsque l'on connaît l'histoire familiale.

En tout état de cause, c'est dans ce type de relation, fait de moqueries, de dénigrement, et de maltraitances, c'est dans cette « zone » qu'il y a un risque de récidive. Car il ne fait pas de doute pour qui rencontre le jeune homme, qu'il existe chez lui un potentiel certain de dangerosité et de violence. D'autant que ce dernier, au premier abord, peut imprimer la crainte de par sa stature et sa physionomie. H... connaît ce sentiment qu'il imprime chez les autres. Il connaît cette émotion de peur qu'il provoque. Mais il expérimente aussi chaque jour, celui de se sentir différent ou bien d'être raillé par son physique. Tout cela participe à l'énorme faille narcissique sur la base de laquelle il s'est peu à peu construit.

---

1. Les centres éducatifs fermés ont été créés en 2002. Ce sont des structures alternatives à l'incarcération qui reçoivent 12 mineurs multirécidivistes. Ils complètent le panel des établissements de la PJJ avec les foyers traditionnels semi-ouverts et les CER.

La décision du juge, guidée par l'a priori qu'en éloignant H… de son quartier, cela diminuera chez lui sa capacité à récidiver semble au contraire aller dans le sens d'une accélération des risques de passage à l'acte grave. Le magistrat ne veut cependant rien entendre : il faut le placer coûte que coûte et comme l'excommunier, même de la ville. Le pari, pour l'éducateur, est alors double. Il consiste, à la fois à créer une relation éducative avec le jeune en dehors de toute communication verbale et, d'autre part, à réussir à démontrer au magistrat que la logique « de bon sens » de l'éloignement n'est justement pas celle qui convient à la situation si l'on souhaite éviter une récidive.

Mais que faire avec ce jeune homme qui ne parle pas et qui ne vient pas au rendez-vous que l'éducateur lui donne à son bureau en centre-ville. J'exerce en effet dans un service de « milieu ouvert ». C'est un service qui « suit » les mineurs lorsqu'ils sont toujours domiciliés chez leurs parents. L'éducateur de milieu ouvert a vocation à s'occuper du jeune tout long des procédures et des suivis éducatifs, que ce dernier soit placé, ou en détention, ou toujours à domicile. Ce professionnel à la charge en moyenne de 25 jeunes. Il doit les rencontrer régulièrement, s'occuper notamment de leur insertion, mais aussi de les préparer aux audiences, écrire des rapports d'évolution aux magistrats, suivre leur scolarité, faire des visites à domicile.

Je décide donc d'aller chez H… deux fois par semaine, juste pour le voir et lui proposer un soutien scolaire car le jeune homme ne fréquente plus l'école depuis longtemps. Je lui propose mon aide pour une demi-heure à chaque fois. En effet, c'est le grand maximum de temps de concentration que le garçon peut supporter, assis sur une chaise. Et puis, j'ai l'idée de lui demander de faire la réhabilitation d'un jardin. À ma grande surprise H… fait un signe de tête en guise d'accord. À partir de cet instant chaque semaine, le jeune vient pour travailler avec moi dans le jardin, situé sur le site du service éducatif, et finalement, ainsi, au ministère de la Justice.

Ce n'est pas pour autant qu'il se livre plus, mais nous sommes « ensemble ». Une notion que le garçon n'a certainement jamais eu l'occasion d'expérimenter dans une dynamique positive. Cette activité devient vite ma priorité éducative. Mais rapidement, celle-ci se heurte à l'impératif judiciaire qui a condamné H… à un sursis assorti d'une obligation de placement et de soins psychologiques. Ce décalage est d'ailleurs le ferment d'une incompréhension avec le juge qui me téléphone un jour et m'interpelle en ces mots : *« Qu'est-ce que vous entendez par « créer une relation éducative », H... à une obligation de soins, pas de travail ! »*

C'est par cette réflexion que l'on apprécie à quel point le travail éducatif est à la marge, « à côté » des attentes « logiques » de la Justice. Et pourtant, pour faire œuvre éducative, il faut aussi, d'une certaine manière, savoir se mettre à la marge. Finalement, n'est-ce pas dans cette frontière, dans ce positionnement particulier que le jeune et l'éducateur se retrouvent et se « reconnaissent » pour nouer une forme de relation ?

C'est en tout état de cause, ce parti pris éducatif qui a permis au jeune homme d'éviter la récidive. Certes, pour accéder au souhait du juge, je tente, entre temps, un placement dans un établissement situé dans une autre ville. Après de longues semaines d'argumentations, H… finit par « essayer » pour éviter la prison, puisqu'il s'agit d'une obligation liée à son sursis. Mais le lendemain de son arrivée, le responsable de l'institution me le ramène, car le jeune homme a tenté de le frapper. L'adolescent descend de la voiture, il ne me parle pas à cette époque. Il cueille un brin de muguet dans le jardin que nous entretenions jusqu'alors et me le tend.

À force d'un accompagnement soutenu et de cette activité de jardinage, H… ne fait maintenant plus parler de lui : plus de garde à vue, plus de violences. Et puis, quelques semaines avant son 18e anniversaire, alors que sa mère lui a promis de le mettre à la porte à sa majorité, il participe à une affaire de vol et de séquestration en réunion. Il est à nouveau incarcéré. À nouveau en attente d'un jugement à la maison d'arrêt, l'espace relationnel ouvert jusqu'ici s'est refermé. Comme avant, H… retombe dans son propre enfermement. Les différents intervenants de la prison le décrivent comme : « particulier, distant, mutique... ».

Pourtant ce jour-là, quand je vais le voir en détention, je retrouve celui que notre relation avait révélé. Il est participatif à l'entretien, un vrai dialogue s'installe entre nous. Il me parle de sa famille, de l'affaire et surtout, ses propos montrent combien il ne comprend absolument rien à la justice et à ses méandres procéduraux. Comme en résistance, H… attend, sans finalement vraiment savoir pourquoi.

En décalage, voilà comment peuvent être facilement qualifiés certains de ces jeunes. Bien sûr, il y a ce qu'ils montrent d'eux : une apparence de dureté, d'insensibilité qui appelle instinctivement et de manière irréfléchie une réaction forte en réponse aux actes commis. Mais au-delà, et derrière cette apparence, se tapie souvent l'enfant, l'incompréhension, la naïveté et le décalage de « l'innocence » réprimé par la dureté des lois applicables aux adultes.

Il en est ainsi de H… le « sans mots ». Celui qui a perdu la parole ou qui n'en a peut-être jamais eu, et qui se réfugie dans un personnage distant, froid, dangereux. Le juge a peur d'une récidive et souhaite à tout prix l'éloigner de son quartier et de sa mère par la même occasion. Séparation insupportable pour H… à tel point que lorsque sa mère elle-même le menace de la séparation, il passe à nouveau à l'acte dans une forme de suicide social.

L'éducation, même en milieu judiciaire et sous contrainte, se doit de débusquer et de parier sur ce qui n'est pas d'emblée compréhensible et qui porte le potentiel d'un devenir. Certes, H… fait peur, mais c'est le même qui, capable de vouloir vous bruler le visage en vous allumant une cigarette, vous offre le lendemain un brin de muguet comme un remerciement. Ainsi, l'incompréhension de l'acte, et parfois, l'incompréhension de ce qui se joue dans la relation éducative se lient à un certain niveau pour faire sens. Il est donc fondamental de s'interroger, sur ce qui, dans la relation, n'est pas a priori du registre de l'échange. Je veux parler du poids de la présence, de la « simple » présence. Combien de fois, alors que l'éducateur a l'impression que rien ne se joue, l'adolescent « lâche » un mot, une phrase, un geste, une perche tendue à la discussion et à l'ouverture vers une part de son intériorité, comme une porte entrebâillée sur la limite et la transgression.

Jérôme a été placé au foyer dans l'attente de son jugement pour le meurtre en réunion d'un jeune homme. Une soirée « qui tourne mal » : alcool, drogue et puis « ça bascule », personne ne sait très bien pourquoi, l'un des participants se retrouve attaché. On lui soutire sa carte bleue, ses effets personnels, son argent. La séquestration, car maintenant s'en est devenue une, dure de nombreuses heures, accompagnée de coups, on force la victime à boire de l'alcool, on rit, on « délire », on le maltraite sexuellement et tout cela finalement se solde par la mort de la victime.

Au foyer, Jérôme paraît inaccessible, on ne peut pas parler de ces faits, il ne veut pas. Lui et nous, les éducateurs, attendons donc la fin de l'instruction et par la même occasion celle de son placement. Jérôme fait peur, cela est indéniable. Il en joue d'une certaine manière, car comme cela : *« on lui fout la paix ».* Alors pourquoi, le soir d'une sortie avec le groupe des jeunes du foyer, et alors que je suis assis seul un peu à l'écart du groupe, Jérôme s'assoit auprès de moi. Il entame la conversation au sujet de son affaire et de l'instruction qui est en cours et me lâche d'un coup : *« de toutes façons, j'sais même pas pourquoi j'ai fait ça ».* Bref éclair, brève lueur et ouverture sur tout ce qui l'angoisse et qui, aussi vite venu, s'échappe dans le nuage de la quotidienneté de la vie du foyer et de la relation aux autres jeunes placés.

La question qui se pose à ce moment-là est celle de la confiance. Qu'est-ce qui dans la relation éducative permet au mineur de s'autoriser à ouvrir son cœur et à parler de ses émotions, de ses angoisses liées au passage à l'acte ? Sans avoir la peur d'être jugé ou que cela puisse en retour le desservir puisque nous sommes par ailleurs dans une relation judiciaire ?

Bien des observateurs sont en quête de ce résultat : celui de l'« aveu ». Et pourtant ils n'y parviennent pas, malgré un outillage adapté de techniques d'entretien et de tests. C'est que la différence se situe peut-être, dans ce que l'on pourrait nommer une relation de confiance issue de l'accompagnement éducatif. Mais cette relation plus intime qu'à l'accoutumée est-elle vraiment modelée de confiance ? Ne reflète-t-elle pas plutôt l'instant où, devant un miroir, l'on se surprend à se parler à soi-même ?

Et de se demander si, l'éducateur remplit le rôle d'un écho dans lequel, de manière fugace, l'adolescent se reconnait. Sans tomber dans la trop facile identification, c'est un rapport au monde qui se joue là, précisément. L'éducateur est porteur de la loi et de la règle, il se doit de la transmettre. Cependant, il le fait d'une certaine manière, à « sa » manière. À la fois garant de la loi et de l'autorité mais aussi contradicteur, critique même parfois du système social. C'est sans doute, cet entre-deux qui fait résonance chez le mineur, car ce dernier, encore enfant, et malgré ses délits, se situe malgré tout, lui aussi dans un entre deux. Entre se lancer dans une carrière délinquante et revenir dans le droit chemin, bon nombre d'entre eux se trouvent sur la ligne de crête. Les échecs existent malheureusement, car celui qui n'a connu que la déviance comme modèle d'identification ou comme forme de survie a bien du mal parfois à résister au chant des sirènes. À la façon d'un Ulysse, il résiste un temps, puis à bout de force, il dérive pour fouler à nouveau le sol qu'il connaît, certes désagréable, mais empreint de ce qui lui est familier : de ces petites combines, de ces cassures, de ses pleurs, seul, dans la solitude d'une cellule de garde à vue.

La question de la récidive ne se résume donc pas à une forme de volonté inhérente à faire le mal chez son auteur, mais plutôt à une incapacité à un moment donné à s'adapter, à se mouler dans un monde, dans une réalité différente de la sienne. L'éducateur est là pour l'aider à s'adapter ou à se réadapter, mais parfois, les handicaps sont tels qu'il faut un long parcours de prise en charge éducative pour que l'enfant admette et assume les carences affectives qu'il traîne avec lui.

C'est le cas de Michel. C'est un garçon de 17 ans, multirécidiviste. Il arrive au foyer au sortir de détention. Il a passé plusieurs mois en prison. Il a grandi en région parisienne. Je le vois de la fenêtre du foyer, partir le matin à l'école avec son cartable sur le dos. Drôle d'impression, moi qui connais son parcours, drôle de volonté aussi chez lui de s'en sortir. Mais tous les matins, je ne peux m'empêcher d'avoir un pincement au cœur à le voir faire tous ces efforts pour s'identifier aux autres. Cela dure peut-être un mois. Michel n'a pas tenu cette pression et ce sentiment d'être quelqu'un d'autre, et finalement de jouer un rôle. Il recommence à se lancer dans la fugue, le cannabis, les trafics… L'éducation nationale lui aura demandé de se conformer alors qu'il le faisait déjà avec son sac à dos le matin en partant à l'heure à l'école. Michel a fait l'objet d'un mandat d'arrêt, il s'est enfui. On m'a dit qu'il était parti à l'étranger. Je n'ai plus jamais eu de ses nouvelles.

J'évoquerai plus loin la question de l'école et de l'intégration de ces jeunes au sein de cette institution. Mais il existe, décidément, un décalage insondable entre les attentes et les injonctions de l'école avec le profil de ces jeunes. L'inadaptation dont ils font preuve devrait encourager à réfléchir davantage à un dispositif scolaire dédié et à le généraliser. S'il existe quelques dispositifs spécifiques, ces derniers ne sont pas assez nombreux et ne bénéficient qu'à quelques-uns car ici aussi la sélection à l'entrée existe. Tout repose alors souvent sur la capacité de résilience de chacun. Ce qui paraît absolument utopique, tant les difficultés cumulées par ces enfants sont grandes.

5

Du supplice au crime

Il est difficile d'imaginer le fait que les racines du mal peuvent se loger en premier lieu dans une forme de supplice ressenti chez son auteur. Le supplice de Tantale [1] consiste communément pour une personne à se trouver dans une situation où elle est proche de l'objet de son désir sans jamais pouvoir l'atteindre. Pour certains, ce supplice aboutit dans sa résolution au passage à l'acte criminel. Dans certaines situations, en effet, le jeune criminel pourrait être comparé à une sorte de Tantale. Il est même des cas dans lesquels, c'est la justice, qui, par son traitement de l'affaire, contribue à modéliser le mineur pour en faire finalement un criminel. La justice, parfois en ce sens, « participe au crime ».

Il convient cependant d'expliquer plus avant ces propos. Des jeunes criminels, j'ai eu à en prendre en charge durant ma carrière. Ils ne sont pas plus nombreux aujourd'hui qu'hier. Et il est impératif, dès le début, de maintenir le fait que cette extrême violence n'est pas innée chez l'adolescent [2]. Car de nos jours et de plus en plus, la société, comme hypnotisée par le tapage médiatique qui fait écho à ces faits divers terribles et relayés

1. Supplice de Tantale : promettre ou désirer un avantage sans jamais pouvoir atteindre ce dernier.

2. Y. ROUMAJON, Ils ne sont pas nés délinquants, *op. cit.*

parfois dans le discours politique, tend de plus en plus à se durcir sur ce sujet. Les mots d'empathie, d'insertion, d'approche psychologique disparaissent peu à peu et laissent la place désormais et systématiquement à un discours rigoriste et punitif. Nous sommes revenus là précisément à des débats déjà entendus et discutés à la fin du 19e siècle.

C'est ainsi et de manière insidieuse que le retour à des références sur l'anthropologie criminelle renaissent de leurs cendres. Nous assistons ainsi à la résurrection de la même confrontation d'idées que celle qui a eu lieu à la fin du 19e siècle, entre l'Ecole sociale de Lyon illustrée par le professeur LACASSAGNE et l'école positiviste italienne présidée par le non moins célèbre professeur LOMBROSO. Le premier courant d'idées s'exprime dans le célèbre aphorisme d'Alexandre LACASSAGNE selon lequel « la société a les criminels qu'elle mérite ». Le second, quant à lui, est porté sur des questions d'hérédité et de recherche chez l'individu de « stigmates de dégénérescence ». Il défend l'existence d'une identification entre l'homme criminel et le sauvage des temps préhistoriques.

L'absence totale dans nos débats modernes de références au passé théorique et scientifique nous fait revivre, à la façon d'un cercle perpétuel, les éternels débats sur les origines du mal. Ainsi, la pensée tourne à vide et à nouveau nous entendons les mêmes suggestions sur les causes du crime : pauvreté, étrangers, oisiveté, addictions. Brandir « L'ensauvagement de la société » est devenu un terme à la mode. Dans ce contexte, les hommes politiques avancent des théories plus ou moins bancales sur une possible désinhibition de la violence, voire, certains, n'hésitent plus à faire un parallèle plus que douteux entre la violence des bandes de jeunes et l'origine ethnique des infracteurs. La vacuité intellectuelle envahit les plateaux de télévision et les réseaux sociaux tout en galvanisant les relents vengeurs de la population et même parfois jusqu'à la haine. Il conviendrait donc de répondre de manière générale aux phénomènes de violences des jeunes par des sanctions pénales fortes et définitives, guidées par un système dans lequel la majorité pénale, entendue comme une identification à celle des adultes, serait ramenée à 16 ans, voire même à 15 ans.

La société d'aujourd'hui fait donc un bond de plusieurs siècles en arrière dans lequel, la malice de l'auteur doit l'emporter sur l'âge. Le mal, à cette époque, ne pouvait qu'être inné ou le fruit d'une contractualisation avec le diable. À tel point d'ailleurs et dans cette logique poussée à l'extrême, que la justice d'autrefois aboutissait à traduire en jugement des animaux, dans une forme d'identification à l'homme, ou à intenter des procès à des cadavres. Nous ne sommes plus très éloignés finalement des ordalies exercées au moyen âge pour faire avouer ou prouver la culpabilité de l'accusé. La femme suspectée de sorcellerie, poignets et pieds liés, jetée par-dessus le pont devait couler pour apporter la preuve de son innocence. Si elle surnageait, l'inquisiteur y voyait alors la marque du diable et l'alliance maléfique que la sorcière entretenait avec le malin.

Qu'attend-on donc aujourd'hui de la justice des mineurs dans ce contexte ? Alors que le débat sur la fonction de la peine [1] est sans cesse et éternellement remis sur le métier à tisser.

De mon expérience et notamment en matière criminelle, je ne peux que rapporter le constat d'une sévérité de la justice. La réponse judiciaire est à la hauteur des crimes commis et parfois même sans aucune empathie pour l'auteur, même mineur, et même si le système pénal français à cela d'honorable qu'il se fixe un objectif ambitieux et humaniste : celui de punir tout en réhabilitant. La fonction de la peine en droit pénal des mineurs est ainsi clairement affichée et privilégie la réinsertion à l'exclusion, à la neutralisation et à la rétribution pure et simple [2].

C'est ce choix qui est de moins en moins compris par la société civile au vu du contexte social général et de l'état du monde actuel. On ne peut donc passer sous silence la fonction et l'intérêt qu'il existe pour une société et le monde politique à, d'une manière ou d'une autre, entretenir le débat sur la délinquance et encore plus sur la délinquance des mineurs. Car

---

1. G HOUCHON, *Cours de pénologie*, Professeur à l'Ecole de criminologie de Louvain-la-Neuve.

2. ANCEL Marc, *La défense sociale*, Ed. PUF, coll. Que sais-je ? 1ère éd., 1985, Paris, 127 p.

la peur, l'émergence et l'entretien d'un bouc émissaire permettent le maintien de la cohésion sociale. Cette démarche à très bien été décrite dans l'ouvrage de Jean DELUMEAU [1], ou bien encore par un auteur classique comme Louis CHEVALIER [2].

Nous en sommes donc ici de nos réflexions, de nos débats, mais tellement éloignés de la réalité du crime. Le crime, comme je l'ai déjà évoqué dans un précédent ouvrage [3] est, je pense, une affaire élémentaire, de personne à personne, autrement dit de subjectivisme à subjectivisme et profondément le fruit d'une histoire personnelle individuelle. Ce qui n'est absolument pas antinomique avec les phénomènes de bandes qui nous sont présentés comme le mal pénal moderne. Je ne pense pas en effet qu'il existe des hordes d'enfants animées par une sauvagerie originelle. Ainsi, le phénomène de groupe criminel a lui aussi été étudié et de longue date. Il suffit de lire l'ouvrage de SIGHELE sur « la foule criminelle » [4]. Ce fait n'est donc pas nouveau. La nouveauté consiste surtout dans l'écho qui en est fait aujourd'hui par les médias et par l'absence de mesure dans l'analyse qui en est faite. Le débat se perd en réalité dans la recherche des causes du crime alors que nous devons d'abord et prioritairement nous intéresser au sens du passage à l'acte pour le mineur et à la place qu'il occupe dans l'histoire de ce dernier.

Pour se convaincre, il suffit de se pencher sur ce que l'on nomme les crimes immotivés [5], pas de cause à l'acte, une victime inconnue, pas de lien entre l'auteur et la victime : un acte gratuit en somme, mais criminel. L'effraction de cet acte invite alors à

---

1. DELUMEAU Jean, *La peur en occident*, Ed., Fayard, Coll. Pluriel, 1978, 607 p.

2. L. CHEVALIER, *Classes laborieuses et classes dangereuses*, Ed. Hachette, 1994.

3. O. CHEVRIER, L'affaire Vacher, *op. cit.*

4. S. SIGHELE, *La foule criminelle, essai de psychologie criminelle*, Ed., Félix Alcan,1901.

5. M.S DANTEC, *D'un crime immotivé, l'énigme et le passage*, P.U.R, 1999, 148 p.

se pencher non sur la recherche si banale et infructueuse de sa cause mais sur le sens de ce dernier.

Les causes reconnues du phénomène criminel sont en réalité les évidences d'une époque. De ce fait, l'origine du crime est décrétée un jour comme du ressort de la pauvreté, un autre jour, comme incarnée par la sorcière, ou le migrant, ou bien encore illustrée par le dépendant à l'alcool ou aux drogues. Et même parfois, elle sera considérée comme la résultante d'une forme d'« involution » chez l'homme. Les savoirs sur le crime ne s'enrichissent donc que difficilement avec le temps et ont plutôt tendance à s'empiler sans jamais véritablement constituer un corpus scientifique à part entière. C'est sans doute aussi parce que le crime ne peut être étudié comme un fait généralisable.

Un constat objectif est visible : la réponse judiciaire ferme et punitive existe. Elle est exercée quotidiennement. Il existe pour les mineurs nombre de centres de placement comme les centres éducatifs fermés, les centres éducatifs renforcés, des foyers plus classiques de semi-liberté, des quartiers pour mineur en maison d'arrêt, des établissements pénitentiaires pour mineurs. Il est donc faux de maintenir que la justice est laxiste en la matière. Ce qui est aujourd'hui traduit par l'opinion publique comme une forme de « laisser-aller » judiciaire n'est avant tout pas autre chose qu'une critique dirigée à l'endroit d'un choix politique établit en la matière dès le début du 20e siècle, et qui consiste à miser sur l'éducabilité et la réinsertion du jeune délinquant.

En ce dimanche matin, dans le petit pavillon de campagne. P… s'est levé avant tout le monde dans la maison. Tout est calme. Comme à son habitude, P… allume le téléviseur. Il est seul devant l'écran, occupé à faire ses devoirs. Il regarde le dessin animé SHREK [1] . Il aime bien ce film, il l'a déjà regardé de nombreuses fois. Sa pensée s'évade, ses yeux sont fixés sur la lucarne de la télévision. Il est absent. Cette attitude dure longtemps, sa pensée vogue.

---

1. *SHREK*, film d'animation réalisé par A. ADAMSON et V. JENSON, 2001.

Finalement, P… se lève du canapé et se dirige vers le placard de son père où ce dernier range son fusil de chasse. Déjà, à 15 ans, il sait charger un fusil. Il a déjà accompagné son père de nombreuses fois à la chasse. Deux cartouches sont introduites dans les chambres juxtaposées du canon de l'arme. P… se dirige vers la chambre parentale, il fait immédiatement feu sur ses parents encore endormis dans le lit. Plus de bruit, les déflagrations ont laissé place à un silence de mort au sein duquel gisent désormais les corps inanimés de ses parents. Peut-être, en fond sonore, entend-on encore le son du dessin animé qui imperturbablement se déroule.

Il recharge immédiatement le fusil et tire sur son petit frère qu'il tue sur le coup, puis tire une dernière fois sur sa petite sœur, qui est grièvement blessée et qu'il laisse pour morte. P… sort de la maison, calmement, il prend le soin de fermer à clef la porte d'entrée du pavillon puis, quitte les lieux vélo. Après quelques kilomètres, il appelle la gendarmerie. Ses seuls mots sont : *« je les ai abattus comme des sangliers, il fallait que je le fasse »*.

Tout au long de la détention provisoire, il faudra essayer de comprendre avec lui non pas la cause de son geste, parfaitement incompréhensible, mais le sens de ce dernier. P… quant à lui n'a de cesse de dire que c'est un « autre » qui a fait cela, que ce n'est pas lui. Il ne comprend pas. En tout individu gît peut-être un monstre, même si P… est décrit par tous comme un enfant gentil, qui ne pose jamais de problème. Au fond comme SHREK, P… est « un monstre gentil ».

Condamné à une très lourde peine de prison, il peut désormais analyser son geste et tenter de le comprendre. Comprendre cette souffrance inavouable et/ou indicible mais si insupportable, tel un supplice, qu'elle n'a trouvé sa résolution que dans un crime horrible.

P…, malheureusement, comprendra bien plus tard, avec l'aide des psychologues et des éducateurs, une fois sorti de son enfermement psychique, toute l'horreur de son geste. Comme enfin sorti d'une forme de léthargie cauchemardesque dans laquelle il était jusqu'alors plongé. Il entreprendra de grandes études doctorales, maigre réparation dans un soubresaut de renaissance. Il est passé d'une souffrance à une autre finalement : celle désormais de devoir assumer et supporter un crime au-delà du pensable. C'est parfois en pensant éliminer ce que l'on croit être la cause de son malheur, que l'on espère guérir. Un supplice vient en remplacer un autre.

Ces actes insensés se rencontrent dans une carrière professionnelle. Je me rappelle de A… qui, en fouillant dans le grenier de la maison familiale, découvre un pistolet LUGER de la Seconde Guerre mondiale. Une broutille d'adolescents, peut-être une histoire de jalousie amoureuse et A… part à la rencontre de son rival. Le rendez-vous est donné dans une ruelle de cette petite ville de campagne. A… ne saura jamais pourquoi ce jour-là, il a sorti l'arme et tiré, tuant ainsi un autre garçon. Incarcéré, et subissant chaque jour le supplice de la culpabilité, A… se pend dans sa cellule quelques semaines plus tard.

Les tentatives de suicide ou même les suicides ne sont pas si rares en détention chez les mineurs. C'est un sujet dont on ne parle que très rarement mais qui vient certainement conforter la croyance en l'inutilité d'une réponse aux actes les plus graves par l'enfermement de leurs auteurs. À moins que, de manière totalement cynique, et je n'ose y croire, ce soit une façon détournée de faire jouer à la prison une fonction de neutralisation. Au mieux, cette réflexion pose ici la question des conditions de détention pour les mineurs délinquants.

Les actes criminels commis par les mineurs peuvent aussi être le fruit d'une forme de totale immaturité et d'entraînement mais il est toujours souhaitable d'y trouver un sens. C'est cette quête de sens, une fois amené à la conscience de l'auteur de l'acte qui est le meilleur gage de l'absence de récidive en dehors bien évidemment de toutes formes de pathologies psychiatriques. Il est indispensable de ne pas tomber dans d'anciennes croyances scientifiques qui assimilent automatiquement le crime à la maladie mentale. De grandes affaires criminelles ont pu ainsi nous défaire de l'aphorisme selon lequel *« le crime fou prouve la folie chez son auteur* [1] *»*. L'acte fou, celui que l'on ne peut pas

1. O. CHEVRIER, L'affaire Vacher, *op., cit.*

d'emblée expliquer rationnellement illustre-t-il vraiment et systématiquement chez son auteur une pathologie mentale ?

« Nous, on est dans la glace ». Cette phrase lapidaire avait été prononcée par le père de M…, la seule et unique fois où je l'ai rencontré, dans les bureaux du tribunal pour enfants, au moment où son fils âgé de 16 ans et demi, allait être incarcéré au titre de la détention provisoire. Le père décrivait alors son fils comme un jeune homme *« tout ce qu'il y a d'ordinaire »,* n'ayant jamais posé de problèmes particuliers. Pourtant, les premiers éléments de l'enquête policière diligentée après la découverte du corps de Sylvie, une de ses amies de collège, assassinée chez elle de plus de soixante coups de couteau, le désignaient comme l'auteur de ce meurtre. Il était aussitôt incarcéré.

Ma première rencontre avec le jeune homme a lieu au moment où il est « mis à la disposition » de la Justice, encagé dans les geôles du palais de justice, dans l'attente d'être « présenté » au Procureur de la République puis au juge d'instruction. M… ne sait dire qu'une seule chose : *« ce n'est pas moi qui ai fait ça ».*

Depuis un an, je vais le voir à la maison d'arrêt chaque semaine, il répète inlassablement qu'il est innocent. Il mettra cependant plusieurs mois à prononcer ce terme, lente transformation d'un *« c'est pas moi qui ai fait ça »* à un *« je suis innocent »* utilisé systématiquement au début de chaque entretien comme un mot de passe protocolaire.

Ce qui frappe tous ceux qui approchent de près ou de loin M… au moment de son incarcération, c'est son « détachement ». Comme si tout ce qui lui arrive ne le concerne pas. Non combatif, pendant les premiers mois de détention, M… semble être plus un observateur qu'un acteur de son histoire. Restant sur la réserve, il semble épier chacun des intervenants (éducateur, médecin psychiatre, juge). Et dans ces conditions, nos entretiens ressemblent plus à des interrogatoires qu'à un réel dialogue. Car M… n'échange rien, ne dit pratiquement rien, n'a envie de rien et place de ce fait son interlocuteur à distance. Il se réfugie dans une forme de mutisme et laisse l'impression de garder un secret.

Les expertises psychologiques et psychiatriques effectuées dans le cadre de l'instruction n'apportent rien de plus aux constatations « intuitives » de ce portrait dressé par l'éducateur. M… y est décrit en « creux » : personnalité secrète, pas d'état dangereux, pas d'émotion, pas de maladie psychopathologique, distance avec l'adulte, maîtrise de ses affects et des entretiens. M… est-il vraiment « le bon » présumé coupable ? Et s'il l'est, force est de constater qu'aucun signe de troubles psychologiques ne peut expliquer ce passage à l'acte d'une violence « folle ».

Je me plais à rendre visite au juge d'instruction afin de faire le point sur le suivi judiciaire. Je lui explique mes entrevues avec M… et ce que je peux en comprendre. Nos rapports sont cordiaux. Lui aussi semble vouloir résoudre à tout prix cette énigme. Peu sûr, malgré tout, d'avoir en face de lui le véritable coupable, il m'explique lancer des commissions rogatoires en divers points de la France et sur d'autres pistes. Mais tout le ramène systématiquement à M… D'ailleurs, et comme pour asseoir sa conviction, il me dit un jour : *« vous savez comment sa mère vous appelle dans ses courriers ? Le marabout ! » :* celui qui sait percevoir l'invisible à travers le visible.

Puis il ouvre le dossier d'instruction et, d'un geste leste, pose les photos du cadavre de la jeune fille devant moi. Celle-ci est dénudée, je vois pour la première fois une scène de crime photographiée. Le dos de l'adolescente présente de très nombreux coups de couteau. Le juge insiste, *« regardez, il ne l'a pas loupée ! »* en me pointant du doigt une autre photo où je vois en gros plan le cou de l'enfant avec une plaie béante en son côté et d'où s'épanche une graisse jaunâtre. Je n'ai jamais très bien compris cet épisode. Peut-être était-ce là une manifestation de mal être et de solitude chez le juge ? Mais bien des années après, ces images sont encore gravées dans ma mémoire.

Qu'importe, l'ambiance carcérale m'est désormais familière. Elle m'est arrivée de plein fouet un matin d'automne lorsque, encore stagiaire, j'entrais pour la première fois en prison. Ma mémoire est encore traversée de la résonance des clés des surveillants, du claquement de leurs pas dans les coursives. Et des appels des détenus à travers les portes, comme si la voix était l'unique passe-muraille de ces corps enfermés.

L'éducateur apprend à se remplir de ces malheurs qu'il croise. Là, c'est un adolescent qui s'effondre en garde à vue, ici le regard furtif et parfois honteux d'un homme « entrant » à la maison d'arrêt, « en laissé », tremblant et abattu à la manière de ces chiens dingos que rencontrent souvent les voyageurs sur leur route. L'éducateur est un voyageur. Il traverse des contrées inexplorées, il navigue en « eaux troublantes ». D'abord vierge de toutes « ces choses », j'apprendrai à les côtoyer tout au long de ma carrière. Les lourdes portes de la prison s'ouvrent une à une pour enfin arriver « en détention ». Là, comme d'habitude, il faut céder au rituel : saluer d'abord les surveillants, ensuite les détenus, le tout sur un bruit de fond sourd, lourd. Parfois, l'attention est attirée par des cris, on tape à la porte d'une cellule, on entend répéter inlassablement un « surveillant ! », anonyme. Une fois en prison, on est déjà dans un « ailleurs », un ailleurs du crime et de la délinquance dont il faut appréhender les repères rapidement au risque de s'y perdre.

La façon dont M… se comporte en détention m'indique qu'il se trouve dans une sorte de « glaciation psychique ». Il semble comme anesthésié dans un raidissement physique. Cette façon de supporter la détention, et son absence de combativité ne laisse aucun doute dans l'esprit du juge d'instruction sur la culpabilité de ce dernier. La personnalité du mis en cause colle définitivement à l'acte criminel qu'on lui reproche. M… arrive toujours de la même façon au bout du long couloir de la prison, les mains dans les poches de son jogging. Dans les premiers temps d'un pas alerte puis au bout de plusieurs mois d'un pas plus pesant, mais toujours avec ces mêmes paroles : *« j'en ai marre d'être là pour un truc que j'ai pas fait ».*

La voie que j'ai choisie pour l'aborder est des plus fragiles. Elle est celle d'un inconfort pour la pensée et le travail éducatif, puisque je pars du principe (en laissant toujours de côté mes « intuitions sur sa culpabilité ») que M… n'est ni coupable, ni innocent, mais qu'il est là et qu'il faut « faire avec ». Pourtant bien des constatations peuvent incliner mon jugement dans un sens ou dans l'autre. Cette façon de rester secret par exemple m'incite à penser qu'il n'ose pas se laisser aller à parler de peur de se trahir. Les rares fois où il discute les éléments de l'enquête, des mots, des phrases me laissent tellement perplexe.

Ainsi, par la mise à distance qu'il opère avec son interlocuteur, il y a comme une barrière entre nous deux, une limite qui paraît infranchissable. Et malgré tout, bien que M… se dit innocent, il y a comme un impalpable, une compréhension non dite que peut-être l'on se reconnaît. Le travail éducatif est ici bien particulier, car il ne s'agit pas comme très habituellement de travailler sur les règles, la loi, le rapport à l'autorité, de gérer la violence et la frustration, ou d'aider à l'insertion. Il serait très facile de passer du statut d'éducateur à celui d'enquêteur. Il convient donc de remplir d'éducatif ce qui d'emblée ne semble pas en avoir besoin. L'éducateur est ainsi perdu face à cet insaisissable. Mais alors que le savoir psychologique bute en ce qu'il donne un diagnostic, un définitif (enfermé dans des critères et parfois un « non-diagnostic »), l'intuition éducative elle, libre de tout carcan, continue de se dérouler. L'éducateur se distingue ainsi de tous les scrutateurs d'âmes qui tentent de lire le crime sur le corps ou dans le psychisme de leur « client ». Observateur participant, il doit rendre compte de « ce qui se joue là devant lui et avec lui ». Il est un privilégié, il est le seul à créer une véritable relation avec le détenu. De cette manière, pendant de longs mois, M… vient à mes entretiens sous le prétexte « que ça lui fait une visite ». Nous tentons de travailler sur l'histoire familiale, et nos discussions naviguent ainsi entre l'affaire, des futilités, et la vie en détention. M…ne m'adresse jamais directement la parole par le tutoiement ou le vouvoiement, il s'assoit là, devant moi et attend mes questions.

Et puis, peu à peu, après plusieurs semaines, j'ai le sentiment de « retomber » sur mes pieds, et de reconnaître des mots, des comportements qui me sont familiers parce qu'appartenant à « mon monde » professionnel. M… se décide au bout de sept mois à m'interpeller directement, de manière explosive comme si dans un bégaiement, il expulsait sa préoccupation : *« j'ai une question, qu'est-ce que tu penses de mon affaire ? »*. En réalité, mon absence de parti pris avait dû l'interpeller, tant mon attitude faisait miroir avec la sienne.

Ainsi, peu à peu, je dérive de l'inconnu vers le familier. Mais quel est cet ailleurs fait du silence pesant de M… que j'ai jusqu'alors traversé sans pour autant avoir pu le cartographier ? Paradoxalement, c'est en utilisant un registre lexical qui ne m'est pas étranger que M… me réintroduit dans mon champ professionnel, sphère où les balises me sont connues. C'est là son acceptation de ma personne, plus peut-être que de mon rôle. Alors, la proximité est possible, l'échange, et le tutoiement s'immiscent timidement puis franchement. Mais quelle est l'obole payée pour que le « présumé-coupable » accepte de me faire traverser son ailleurs ?

Dans le souci de provoquer une réaction chez lui, j'obtiens de la direction de la prison, après plusieurs semaines de suivi éducatif, le droit de lui apporter un livre. Je fais le choix de lui confier « le pull-over rouge » de Gilles PERRAULT[1]. L'histoire de Christian RANUCCI, condamné à mort pour le meurtre de la petite Maria-Dolorès RAMBLA et qui encore aujourd'hui fait débat sur la question de l'erreur judiciaire. À ma grande surprise, M… dévore littéralement l'ouvrage. Nous débattons pendant plusieurs entretiens sur la question du traitement par la justice des affaires criminelles. Puis M… et comme en guise de conclusion me pose un jour une question qui clôt définitivement ce chapitre : *« tu penses que je suis un monstre ? »*

À quelques pas de l'agitation que crée son crime, sur la question de sa responsabilité, le criminel observe la mêlée, ahuri, en silence. C'est cette zone de silence loin du vacarme et du fracas qu'il faut interroger tant elle échappe aux modèles classiques de pensée. Alors que seule la relation éducative semble perdurer au sein de cette espace, il me semble bien qu'il existe un fil rouge, un dénominateur commun fait du silence du tueur. Qu'est-ce que ce silence exprime ? Le crime a-t-il permis ce qui jusque-là était inenvisageable pour M… : « faire corps » avec Sylvie, « se remplir » d'elle, ne faire plus qu'un avec elle,

1. G. PERRAULT, *Le pull-over rouge*, Ed. Hachette, 1994, 444 p.

en l'emportant au plus profond de son intimité ? La vie de M… est-elle désormais réduite à un dialogue intérieur avec ce qu'il a pris d'émotions, du corps, des cris, de l'odeur de Sylvie ? Ce vécu-là, M… seul le connaît. Lui seul a le « privilège » de connaître intimement « cette » Sylvie, celle du « temps du crime ». M… a été condamné à 15 ans de réclusion criminelle. Il était âgé de 18 ans à ce moment-là. Peu après l'annonce du verdict, un soir, à la maison, son père se saisit de sa "22 long rifle" et tue sa mère. Incarcéré, il met fin à ses jours quelques semaines plus tard.

La question soulevée ici consiste à se demander comment la relation éducative permet de traverser cette « zone-silence » en compagnie du criminel. J'ai posé la question du silence de M…, en m'appuyant sur la proposition que ce dernier vit une « relation intérieure » avec ce qu'il a pris d'émotions du crime. Je fais référence ici à une sorte de « monde privé du crime ». Tout est affaire de perception. M… et lui seul connaît « sa » Sylvie, celle qu'il a approchée dans une intimité « folle », illustrée dans la lutte et le passage à l'acte criminel.

Le crime se situe le plus souvent dans une sorte de « zone rêve » où il ne revêt une consistance qu'après sa consommation. Le « réveil » du criminel prend alors corps lorsque le tueur s'aperçoit qu'il est placé « au bord du crime » à la façon d'un marcheur cheminant sur un sentier sinueux de montagne, tout absorbé dans ses pensées, et qui prend conscience avec effroi de la profondeur du ravin qui est là, sous ses pieds à quelques centimètres. Le crime serait donc inaccessible aux mots. Il ne serait pas toujours synonyme du psychisme de son auteur. Or, en l'absence de mots, il n'y a plus d'explicatifs au crime : le tapage du crime laisse la place au silence, et les mots au bord du vide.

6

« Je crois que je vais finir par tuer quelqu'un »

C'est dans ces termes que Philippe entame l'une des lettres qu'il envoie à ses parents alors qu'il est une nouvelle fois incarcéré. Il faut croire qu'il n'est pas bon de réveiller les morts [1] ou bien de se convaincre du fait que Philippe, alors âgé de 17 ans et demi, a vécu jusqu'alors une histoire bien particulière.

Lorsque je débute le suivi éducatif de Philippe, l'ensemble des rapports sociaux établis décrivent le père biologique du garçon comme un homme violent, porté sur la boisson, délinquant, criminel et incendiaire. Il aurait autrefois été condamné pour le meurtre d'un homme et de ce fait aurait passé une dizaine d'années en prison.

La lecture du dossier judiciaire est édifiante. Très tôt, avant même sa naissance, ce père, dans des crises de rage incontrôlées, donne de violents coups à sa compagne, alors enceinte. Une fois né, le fils, et alors qu'il n'est encore qu'un nourrisson est victime également et directement de violences. Dans ce contexte, le couple parental finit par se séparer. La maman de Philippe se remarie et son nouveau conjoint accepte l'enfant comme son

---

1. Danièle ALEXANDRE-BIDON, Cécile TREFFORT, sous la direction de, *A réveiller les morts,* P.U.L, 1993, 334 p.

propre fils. Le « vrai » père de Philippe, lui, disparaît, à la fois physiquement et dans l'histoire de l'enfant. Jamais la mère ne parlera de ce père à son fils autrement qu'en le décrivant quelques années plus tard, et par la force des choses, comme un criminel qu'il faut oublier.

Philippe navigue ainsi, au milieu d'un secret de famille partagé, une énigme : celle de la disparition de son père biologique, définitivement mort aux yeux de la mère. Philippe grandit, sans connaître son histoire. L'innocence de l'enfance ne lui permet pas d'envisager alors, ou même d'imaginer que son réel est en fait amputé d'un membre devenu fantôme.

Mais les morts laissent des traces. Ils traînent dans les (in)consciences. C'est peut-être le sentiment diffus d'une ombre à ses côtés qui prend corps, très jeune, chez lui et qui, dans certains de ses comportements, inquiète ses parents. Il en est ainsi à la naissance de son demi-frère. Philippe devient jaloux, sentiment assez courant mais qui, chez ce dernier, prend des allures inquiétantes. Il multiplie les actes de cruauté envers son frère. Il verse par exemple ses excréments sur les affaires de ce dernier. Il va même un jour jusqu'à tenter de l'enflammer.

Philippe grandit, ses comportements à l'école sont de plus en plus remarqués et problématiques pour les institutions qui le prennent en charge. À tel point que l'on conseille aux parents de faire placer leurs fils dans un internat éducatif adapté et plus rompu aux débordements comportementaux des enfants. Le garçon est alors âgé d'une dizaine d'années. Malheureusement, les choses ne s'améliorent pas. Même au contraire, au contact d'autres enfants en difficulté, c'est comme si Philippe laissait peu à peu se déverser une forme de rage intérieure.

Et puis c'est l'escalade, à la manière des histoires sur les morts récalcitrants que l'on raconte au moyen âge, le fantôme du père fait une brutale apparition dans un fracas assourdissant chez l'enfant [1]. Le spectre est là, devant lui. Cette ombre pressentie

---

1. C. LECOUTEUX, *Fantômes et revenants au moyen âge*, Ed. Imago, 253 p., 1996, p. 65 et s. (ou « faux revenant ») : Il s'agit des morts qui se manifestent immédiatement après leur décès, comme s'ils continuaient à vivre quelque

jusqu'alors prend finalement corps, dans une histoire, la sienne, depuis si longtemps jonchée de mensonges et de secrets.

C'est à force de nombreux rendez-vous avec les différents professionnels de l'enfance en difficulté, et par l'entremise de ces derniers, perdus et ne sachant plus quoi faire, que les parents, dans une sorte de pari, révèlent à leur fils la vérité sur sa filiation. Ils sont persuadés alors que tous les comportements asociaux chez leur fils disparaîtront magiquement. Telle une incantation, le voile enfin levé sur le secret de famille et l'exhumation du défunt opérée, les mots pourront circuler et leur vertu thaumaturgique pourra, par leur simple énonciation, venir panser et apaiser ce qui chez Philippe fait troubles et discordances.

Les parents hésitent, l'enfant est là devant eux. A-t-il seulement compris pourquoi les adultes ont quelque chose de si important à lui révéler, lui qui se dirige à l'aveugle, lui qui est toujours confus, qui se débat, et qui s'agite, dans un brouillard qu'il ne sait expliquer, mais que l'observateur extérieur traduit par de l'inadaptation.

Les mots sont lâchés, crus, en un bloc. Ils laissent Philippe au bord d'un précipice : son père n'est pas « son » père. Ils le laissent au bord d'un vide abyssal. Le garçon reçoit cette vérité fracassante, sans mot dire, bouche bée, abasourdis, comme naufragé. Alors que le charme préconisé par la révélation devait agir, et le réveil forcé du mort libérer la famille, c'est au contraire le mutisme qui désormais lie cette dernière sur ce qui vient de se dérouler. Le sujet ne sera plus jamais abordé avant longtemps. Et la vie reprend son cours habituel.

La vie de Philippe continue, elle est faite désormais de fugues et bientôt d'alcool, de conduites ordaliques, d'actes de délinquance. La présence morbide ressentie jusqu'alors chez l'enfant laisse désormais place à une forme d'angoisse existentielle insondable qui confine à la mort. Les dérives se multiplient, jusqu'au jour où Philippe agresse avec un couteau, en compagnie d'autres jeunes, un garçon dans une zone

---

temps, ou bien des défunts qui semblent rappelés à la vie en certaines circonstances.

commerciale. C'est Philippe qui a mis le couteau sous la gorge de la victime afin de lui extirper de l'argent.

Désormais assujetti à une mesure pénale, je le reçois ainsi que ses parents lors du premier entretien éducatif. L'éducateur de l'aide sociale à l'enfance est également présent. C'est lui, qui à la fin de l'entretien me retient par la manche et entre deux portes, à voix basse, me révèle à son tour le secret familial.

Philippe a bien conscience qu'il a franchi ici une étape dans son escalade délinquante. De cet échange et à ce moment précis, je comprends que s'est désormais engagée chez lui une lutte existentielle intérieure qui s'illustre dans un choix impensable à faire entre deux modèles paternels. Doit-il ressembler à ce père biologique inconnu, revenant d'outre-tombe qu'il sait avoir été délinquant puis criminel ou bien, doit-il suivre les traces de celui qui l'a accepté bébé et qui s'est toujours occupé de lui comme de son propre fils ?

À partir de ce moment précis, l'ensemble des conduites délinquantes de Philippe n'aura qu'un objectif, celui de tester l'amour paternel et l'attachement de son père adoptif tout en ayant le but avoué et assumé de tuer « l'autre », celui qui l'a fait exister, qui le hante et l'empêche au fond d'être un « bon fils ».

Pris de la sorte dans un conflit de loyauté, Philippe se persuade qu'il doit tuer l'un de ses deux pères pour exister. La dangerosité sociale de Philippe est née. Doit-il annihiler, par ses délits répétés, l'amour que lui porte son père adoptif [1] ? Ce qui

---

1. V. M. FOUCAULT, *Moi Pierre Rivière ayant égorgé ma mère, ma sœur et mon frère*, Ed. Gallimard, coll. Folio histoire, 1998, 424 p. Pierre Rivière explique avoir décidé, après avoir tué sa mère et sa sœur, de tuer presque par contrainte son petit frère, enfant chéri de son père, afin de créer chez ce dernier un rejet et une haine définitive et de ne plus pouvoir exister à ses yeux. *« Je pris donc cette affreuse résolution, je me déterminais à les tuer tous les trois : les deux premières parce qu'elles s'accordaient pour faire souffrir mon père ; pour le petit j'avais deux raisons : l'une parce qu'il aimait ma mère et ma sœur, l'autre parce qu'en tuant que les deux autres, que mon père quoiqu'ayant une grande horreur ne me regardât encore lorsqu'il saurait que je mourus pour lui, je savais qu'il aimait cet enfant qui avait de l'intelligence, je me pensais il aura une telle horreur de moi qu'il se réjouira de ma mort et par là exempt de regrets il vivra heureux ».*

serait une façon de ne plus exister à ses yeux et donc de le faire disparaître. Ou bien doit-il tuer physiquement, s'il le retrouve, son père biologique, quitte même à en supprimer un substitut, par le biais du meurtre d'un inconnu [1] ? Ainsi Philippe, à la façon des croyances du moyen âge [2], et pour se libérer du harcèlement du mort vivant, de ce mort qui ne veut pas mourir, se met en quête de détruire d'une manière ou d'une autre le corps de ce spectre.

Pour comprendre ce cheminement de pensée, il faut s'insinuer dans la logique de Philippe, car en réalité, sa plus grande angoisse est de croiser dans la rue sans le savoir ce père biologique qu'il ne connaît pas. Ainsi tout passant devient potentiellement ce revenant, celui qui le hante et qui doit être détruit. Ses mots prennent alors tout leur sens : *« Je crois que je vais finir par tuer quelqu'un »*.

Philippe le dit. Tuer ce « quelqu'un », ce pourrait-être tuer un inconnu, même par accident, dans une bagarre, ce pourrait-être tuer son père. Il multiplie donc les délits et rend ces derniers de plus en plus graves et violents. La réponse de la justice ne se fait pas attendre. Bien loin d'entendre le sens de la démarche de Philippe, elle finit par l'incarcérer, à plusieurs reprises et de plus en plus fréquemment. La justice ne se doute pas un instant que l'emprisonnement participe en réalité de la démarche morbide du jeune homme. Car au sein de l'environnement carcéral, Philippe n'aura de cesse de demander si son père biologique est passé par le même endroit que lui et si quelqu'un sait où le retrouver. Il entendra ainsi parler un jour de la possible présence de son père dans un centre de détention pour longues peines de la région.

C'est une quête épuisante, dramatique et destructrice, que Philippe engage à la recherche de son père, de celui qu'il s'est juré de retrouver et de tuer pour le mal qu'il a fait à sa mère et qu'il rend responsable de sa situation vécue. C'est au fond la question du meurtre immotivé qui se joue là. Le crime

---

1. V. DANTEC M. S, *D'un crime immotivé : l'énigme et le passage*, P.U. Rouen, 1999, 148 p. où le crime immotivé y est décrit comme une « maladie de trace ».

2. V. C. LECOUTEUX, *op.cit.* ; du même auteur, *Histoire des vampires*, Ed. Imago, 1996, 253 p.

« insensé », qui provoque l'émoi, peut ainsi prendre ses racines au plus profond de l'histoire d'un jeune devenu criminel un jour. Pour Philippe, en particulier, il faut tuer coûte que coûte ce fantôme du père qui entache et alourdit ses épaules. Il faut annuler la charge historique du souvenir d'un homme qui a fait le mal et qui pourrait faire identité avec lui. Comment en effet adhérer sereinement et coller aux pas de son « père adoptif », ne pas lui faire honte et ne pas le déshonorer, alors qu'il sent tous les jours, toute proche, cette autre identité, pesante, angoissante, mortifère ?

Philippe, lui, s'est résolu à tuer cette ombre, à la retrouver et à la tuer. Ce faisant, le jeune homme ne mesure pas qu'il se construit lui aussi victime par la voie qu'il a « choisie ». Peu à peu, à la manière d'un caméléon, comme « aidé » en cela par la justice et du fait des multiples incarcérations prononcées à son encontre, il ressemble de plus en plus, au fil de ses passages en prison, à celui qu'il hait pourtant le plus au monde : cet homme criminel qu'il risque finalement lui aussi de devenir.

On mesure ainsi combien la récidive en matière de délinquance ne peut être réduite à une déclaration péremptoire sur l'existence d'une supposée « nature malfaisante » ou « raison criminelle [1] » chez un individu. Et que la lutte contre le crime ou sa réitération chez le mineur en particulier se situe dans un travail de fond et de longue haleine : celui de la quête (ou « en quête ») de sens portés sur les actes. En l'absence de cette démarche, la justice des mineurs risque fort de participer à la fabrication d'un « homme criminel » plutôt que de se rapprocher de son objectif initial et affiché : celui de prioriser l'éducation à la répression.

Malgré tous les efforts tentés, confronté à la difficulté de comprendre tous les enjeux de sa conduite délinquante, mais aussi en raison des réponses pénales de la justice, uniquement répressives (qui malheureusement sont venues alimenter sa problématique identitaire), Philippe, le jeune homme devenu majeur, sera à nouveau incarcéré pour d'autres faits de violences.

1. O. CHEVRIER, Crime ou folie, un cas de tueur en série au 19e siècle, l'affaire Joseph Vacher, *op. cit.*, p. 132 et s.

Il faut gager aujourd'hui, après de longs mois passés en détention et peut-être avec plus de maturité, que Philippe aura fait disparaître ce fantôme qui le hante, autrement que par le sacrifice d'un inconnu.

7

La mise à mort

Le soleil de plomb est aveuglant. En contre bas, le sable réverbère la lumière blanche. Tout à l'heure, les camions sont arrivés et j'ai pu observer la descente des animaux conduits vers le toril. Je ne pensais pas que ces taureaux étaient si imposants. J'apprécie l'ombre des soubassements de l'arène. Cet endroit est l'unique écueil à la fraicheur de l'air ambiant. Les animaux meuglent, l'agitation chez eux, se fait de plus en plus forte. L'attente sera longue. Ils ne savent pas où ils sont conduits. Ils ne savent pas encore qu'ils devront livrer un combat à mort. Alors, ils tapent dans les portes de toutes leurs forces et ces coups annoncent de façon prédictive le drame qui bientôt se jouera ici, au sein de l'arène.

Remonté dans les rangées de la grande arène, je suis assis juste au-dessus de leur passage, qui conduit au centre du lieu du spectacle. La « banda de musica » s'arrête soudainement. Le son de trompette vient de sonner sur deux tons. Je sens en dessous de mes pieds le tremblement que fait le sol au passage de l'animal de plus de 500 kilos. Les portes s'ouvrent. La foule, à la vue du fauve, émet de concert une sourde onomatopée qui vise à jauger la bravoure de la bête. Le taureau tourne la tête de gauche à droite, il observe quelques minutes avant de foncer sur les peones.

Ces derniers, munis de leurs banderilles, commencent leur danse autour de l'animal avec la ferme intention de les lui planter dans le cou à la faveur de l'évitement de ses cornes. Ce « travail » se poursuit par celui des picadores qui vont tester la bravoure de l'animal et finir de lui faire baisser la tête à l'aide de leurs longues piques de bois. L'épreuve est rude, le fauve joue de grands coups de cornes assénés à l'endroit du matelas capitonné qui protège le cheval de l'éventration. L'équidé, dont les yeux sont obstrués afin de limiter sa peur, vacille à plusieurs reprises. Il manque d'être renversé sous les poussées du taureau. Sa peur est palpable au regard de la sueur qui ruissèle maintenant sur sa robe. L'épreuve cesse enfin, et sous l'éclat du soleil qui vient s'écraser sur l'armure du cavalier, l'homme et sa monture retourne au toril. Le silence se fait pesant désormais. L'animal essoufflé, déjà blessé, tire la langue au dehors de son mufle. Le sang coule abondamment le long de sa poitrine. Le souffle court, il paraît un instant vouloir reprendre ses esprits. Mais déjà, au son de la trompette, le matador fait maintenant son entrée et vient se placer devant lui. Comme éberlué, la bête semble observer et comprendre bientôt qu'il ne pourra faire autrement que d'attaquer par instinct de survie.

Mon esprit est agité par ces images. Voilà plusieurs heures que je suis dans une toute petite pièce, en compagnie des témoins cités par la cour d'assises des mineurs et dans l'attente du procès. C'est l'été dehors, et l'ombre de cette pièce sans fenêtre me renvoie au stress de ce taureau attendant son sort dans les sous-sols de l'arène. Peu de temps avant, j'avais été convoqué dans la grande salle d'audience, comme l'ensemble des participants au procès et j'avais assisté au tirage au sort des jurés.

La cour d'Assises des mineurs est composée de trois magistrats, un président (magistrat professionnel) et deux assesseurs (non professionnels mais choisis en fonction de l'intérêt qu'ils portent pour la justice des mineurs) et de neuf jurés de la société civile, choisis par tirage au sort sur les listes électorales. Une fois la cour et l'ensemble des acteurs de justice en présence, les noms des jurés, placés dans une urne, sont tirés un par un par l'huissier de justice. Les avocats ont alors la capacité de récuser ou non les jurés qui sont désignés. Une fois cette opération effectuée, et une fois avoir fait l'appel des parties au procès, les témoins sont invités à descendre au sous-sol en attendant de comparaitre.

L'attente est longue. Pas un mot entre nous, parmi les témoins dont je fais partie, la tension se fait sentir. Et puis c'est à mon tour, tel ce taureau, de devoir entrer dans l'arène. Je monte par un escalier étroit. La salle d'audience me paraît monumentale, le plafond est haut, les armoiries et les décorations semblent avoir figé le temps. Tout est réalisé pour impressionner le justiciable. C'est ainsi d'ailleurs que ce lieu a été pensé, tout en embrassant les idées de la fin du 19e siècle qui prônent une forme de monumentalisme destiné à frapper les esprits, sans doute pour ne pas donner envie à d'autres de connaître le même sort que l'accusé. C'est ici en tout point la fonction de la peine, dans une visée préventive qui est exacerbée.

On se rappelle en effet, l'idée de BECCARIA [1] qui souhaitait dans son traité « des délits et des peines » installer des squelettes à l'entrée des prisons afin d'apeurer les plus téméraires, notamment les plus jeunes, mais en réalité tous ceux qui pourraient avoir la pensée d'enfreindre la loi. Cette idée, celle d'impressionner les esprits par la peur n'est donc pas nouvelle, mais elle semble aujourd'hui présentée par le corps politique comme une idée toute novatrice.

En réalité, l'histoire du droit pénal nous enseigne le fait que la peur de la sanction n'a jamais empêché le crime. Un célèbre pénaliste disait d'ailleurs que le Code pénal est fait pour les honnêtes gens, donc ceux qui d'emblée ne commettent pas d'infraction, alors que le code de procédure pénale est connu sur le bout des doigts par les délinquants. Tout, dans l'histoire de l'application des peines, nous démontre que la peur du supplice n'empêche pas la commission des infractions : tout au plus, cette crainte permet aux infracteurs d'échafauder des stratégies afin d'y échapper. Pour le délinquant, il y a une part de pari dans la conduite délinquante, qui fait écho avec une notion de fatalisme existentiel. C'est ici toute la philosophie utilitariste de la fonction

1. C. BECCARIA, *op. cit.*

de la peine qui s'exprime. Les plus dangereux sont ceux qui estiment n'avoir plus rien à perdre. Autant jouer « le tout pour le tout », quitte à en laisser leur destin s'en aller aux aléas de la commission de l'infraction et de ses conséquences pénales.

J'avais pu exposer cette façon de penser devant un jury d'examen à un concours. J'expliquais alors que le délinquant est une forme d'aventurier. Mais pour comprendre cette approche, il convient de se fondre dans la logique de ce dernier. Je n'avais pas été compris, bien entendu, car nos codes et nos modèles de compréhension ne s'appliquent pas, telle une décalcomanie et par symétrie à ces conduites. Le Code pénal existe pour constituer une sorte de référence commune, un étalon, auquel on se réfère afin de venir sanctionner un acte. Il faut donc pour tenter de comprendre ou tout du moins approcher le sens du crime, se dépouiller de nos références sociales normées et se faire vierge de toutes convenances pour peut-être réussir à créer un lien, un espace de compréhension avec le criminel.

Devant moi, se présente maintenant le tribunal. À ma gauche se situe le procureur de la République. C'est lui qui, en défenseur de la société, tout à l'heure, fera son réquisitoire. À ma droite, j'aperçois B… et ses co-auteurs, ils sont au nombre de cinq, tous mineurs. Leurs défenseurs sont là également. Une chose me frappe. Les accusés sont tous d'origine africaine, et le jury composé de personnes d'un certain âge, tous blancs, la plupart commerçants ou artisans. Sans doute, convient-il de n'y voir que l'effet des statistiques selon le théorème de BERNOUILLI [1] et le fruit du hasard du tirage au sort.

Puis c'est à moi de « déposer » comme le dit la formule. J'avance donc d'un pas sûr vers la barre, face au tribunal. Le président me demande de lever la main droite et après l'évocation d'une formulation presque magique tant elle perd son sens du fait de la désorientation psychique dans laquelle je me trouve, me propose de prononcer les mots « je le jure ». Je ne comprends pas pourquoi l'éducateur de justice n'est pas assimilé à un expert, à

1. BERNOUILLI, mathématicien suisse (1700-1782), auteur de la théorie sur les probabilités.

la manière du psychiatre ou du psychologue. Mais les faits sont là, je vais répondre aux flots des questions qui me sont posées en tant que « témoin ».

B… me regarde. Je viens de l'accompagner pendant plusieurs mois alors qu'il était en détention provisoire. C'est un garçon sympathique, avec beaucoup d'humour. Il est âgé au moment des faits d'une quinzaine d'années. Les faits en justice des mineurs sont toujours jugés à la date à laquelle ils ont été commis, même si l'auteur est devenu entre-temps majeur.

B… et ses « amis » avaient séquestré un garçon pendant plusieurs jours dans une cave. Le petit groupe s'était bien organisé. Chacun passait à son tour dans la journée pour donner à boire et à manger à leur prisonnier. Lui, la victime, était presque un enfant des rues. Il était lui-même suivi par la protection de l'enfance. Il passait son temps à errer dans le quartier, en situation de fugue permanente de son foyer et, de ce fait, connaissait très bien ses agresseurs. Alors que s'était-il passé ? Comment expliquer cette situation ?

Au bout de plusieurs jours, le garçon séquestré avait été libéré par ses geôliers. De retour dans son foyer, il avait livré l'horreur vécue et les procédures policières et judiciaires s'étaient mises en mouvement. Au fil de mes entretiens en détention avec B… j'avais compris le cheminement qui avait abouti à ce crime. Les faits s'étaient accompagnés de brimades, de violences exercées sur la victime, mais également de sodomisations avec un balai et donc de viols à plusieurs reprises.

Des faits révoltants, qui d'ailleurs révoltent le jury d'assises et même le président. Ce dernier, d'exaspération demande à l'un des co-auteurs ce que signifie le mot viol et si le viol est une violence. Le jeune homme, debout, face au tribunal, ne sait pas répondre, et avoue finalement qu'il ne sait pas. Le président lui assène alors d'un ton ferme qui me choque : *« alors pour vous mettre sa bite dans le cul de quelqu'un ce n'est pas une violence ? ».*

Les choses semblent alors mal engagées quant à l'issue de ce procès et j'ai l'intuition que le sort en est déjà jeté. Je revois l'espace d'une fraction de seconde B… souriant à la sortie de la maison d'arrêt lorsque je viens le chercher à l'issue de sa période de détention provisoire pour l'amener dans un foyer en alternative à la prison et en attente de son procès. Son large sourire avait laissé échapper ses mots : *« maintenant les barreaux, je les ai dans la tête »*. Mais à cet instant du procès, je me dis que malheureusement les barreaux de la prison ne se sont toujours pas éloignés et le guette encore.

J'expose au tribunal mon suivi éducatif et ma compréhension de la situation. Le jury m'écoute avec attention et ne pose finalement pas beaucoup de questions. Puis c'est au tour du procureur de la République de se lever et d'entamer sa plaidoirie. C'est un moment où j'apprends d'autres détails sordides sur le calvaire enduré par la victime. On lui avait mis une chaussette au fond de la gorge afin qu'il ne crie pas, ce qui avait failli l'étouffer. À la séquestration s'ajoute désormais la tentative d'homicide involontaire.

Le procureur se tourne alors vers moi et me pose une seule question. Il s'agissait du premier fait commis par B… L'homme de loi me demande si, selon mon expérience, la gravité de ce premier crime annonce une forme de dangerosité et de sérialité à venir chez B… J'expose alors mon analyse des faits. Et pour cela, comme je l'évoquais plus haut, il convient de se jeter à corps perdu dans la logique de ces jeunes.

La victime était connue de ses agresseurs. Ceux-ci l'aidaient souvent, lui qui errait dans la rue. Il lui donnait de l'argent, de la nourriture, ou des vêtements. Mais il s'était à force retrouvé en dette relativement à ses « bons samaritains » et plutôt que de partir, de quitter le quartier, il clamait à qui voulait l'entendre sa fierté d'*« avoir enculé »* ses bienfaiteurs. Ainsi B… m'avait expliqué que puisqu'il pensait les avoir *« enculés »,* le petit groupe d'agresseurs avait décidé à son tour de *« l'enculer »*.

Cet exemple bien que cru et violent est tout à fait parlant et éclaire absolument sur l'impossibilité parfois pour ces jeunes à se situer et à comprendre le sens figuratif des mots. Ceux-ci sont pris de manière élémentaire, sans imaginaire, au sens propre et dénué de sens abstrait. Il les avait « enculés », eux, en ne remboursant pas une dette. Ils allaient « l'enculer » au sens propre dans une forme de justice rétributive archaïque.

Lorsque j'évoque cet exemple, je veux dire combien la violence ne s'initie pas dans une forme de naturalité ou d'animalité innée chez ces jeunes mais qu'elle renvoie plutôt à la question de savoir comment toute une société et ses institutions produisent de jeunes gens incapables de pouvoir développer une capacité d'élaboration linguistique et psychique. Les mots sont ainsi tordus ou pris au pied de la lettre et à l'origine de débordements criminels, et s'illustrent ainsi comme au bord du vide.

Après deux jours de procès, les parents de B… sont effondrés au moment du verdict. B… et ses co-auteurs sont condamnés à sept ans d'emprisonnement. Les parents repartent du tribunal seuls, et je vois B… leur tourner le dos en direction des geôles du tribunal pour être reconduit en prison.

Plusieurs années après, je me promène en longeant la maison d'arrêt de la ville. Étrangement, mes pas me guident toujours aux environs de ces lieux d'exclusion. Même lorsque je visite une ville nouvelle, à la façon d'un somnambule, mes pérégrinations me conduisent face aux hauts murs de la prison de la cité. Un jeune homme m'aborde. J'ai d'abord du mal à le reconnaitre. C'est B…, il est heureux de me revoir, nous parlons un peu du procès passé et de la prison. Mais il veut oublier tout cela. Il est heureux de me dire qu'il travaille et qu'il a fondé une famille. Nous nous quittons sur le trottoir avec le sourire, le même sourire que B… m'avait montré en sortant de détention avant son procès. Mais cette fois-ci, je suis définitivement certain que les barreaux sont définitivement brisés et jetés loin derrière lui.

8

L'asile et le crime

L'éducateur se trouve tout au long de sa carrière confronté à des personnalités les plus diverses et parfois toutes particulières. Cela en fait peut être au bout d'une dizaine d'années de pratique, un parfait analyste. Il est d'ailleurs dommage de ne pas arriver à faire en sorte de théoriser cette pratique.

La formation des éducateurs manque cruellement à mon sens d'une approche psychiatrique dans la réflexion autour de la prise en charge des mineurs, autant d'ailleurs en ce qui concerne les enfants que leurs parents ou la constellation familiale dans laquelle ces derniers grandissent. Le professionnel peut se voir rapidement « dépassé » dans l'accompagnement de ces jeunes. Il a toujours existé une sorte de jeu de « Ping-Pong » entre l'éducation spécialisée et la psychiatrie. Face à des comportements clastiques, les premiers estiment que l'enfant relève de la psychiatrie et les seconds au contraire estiment le plus souvent que les comportements de l'enfant ne relèvent pas du corps médical puisqu'ils ne répondent pas toujours aux critères du DSM-V [1]. J'ai ainsi eu souvent à faire avec ceux que

1. DSM-V : manuel diagnostique et statistique des troubles mentaux.

l'on nomme des « états limites [1] », c'est-à-dire des jeunes « pas assez fous » pour être pris en charge par la psychiatrie, et peut être trop perturbés pour ne relever que de l'éducatif. On se heurte là précisément à un problème qui dure depuis des années. En premier lieu, il n'existe que très peu de lits d'hospitalisation pour les mineurs. Ensuite, la justice ne dispose que de très peu de psychiatres voir parfois aucun au sein de ses institutions.

Nos établissements de prise en charge en hébergement bénéficient le plus souvent d'un psychologue mais jamais d'un psychiatre. L'éducateur se trouve donc confronté à une réelle difficulté face par exemple à la décompensation [2] d'un jeune qui peut parfois amener à un suicide. Je peux donc dire que l'absence de formation des éducateurs en ce domaine, l'absence de dispositifs spécifiques de prise en charge en psychiatrie, l'absence de connaissance entre les institutions conduisent à une forme de « no man's land » dans la prise en charge éducative des jeunes. À cela s'ajoute une forme de conflit entre les juges (qui ont la possibilité d'imposer par une ordonnance de placement un mineur en hôpital psychiatrique) et les médecins, directeurs d'établissements sanitaires, qui sont totalement souverains au sein de leurs services. C'est de cette façon qu'une certaine vacuité institutionnelle laisse les professionnels éducateurs dans une impasse relative à la prise en charge psychiatrique des jeunes. Il faut alors sans cesse « bricoler » sachant que, la responsabilité des établissements de protection de l'enfance au pénal comme au civil est toujours sollicitée en cas d'incident grave. Sans infirmiers attitrés au sein des établissements, les éducateurs sont-ils habilités à donner des remèdes du type psychotropes ? À qui faire appel en cas d'urgence ? Il ne reste bien souvent que les pompiers et à un moment bien avancé de la crise que l'on sentait pourtant poindre, mais qui n'a pu être prise en charge à temps pour les raisons que j'évoque ici.

Le recours à la psychiatrie n'est pas que du ressort de la maladie mentale. Il arrive qu'un jeune soit sous l'emprise par

---

1. Ouvrage collectif, *Les états limites*, P.U.F, Petite bibliothèque de psychanalyse, 1999, 148 p.

2. Dégradation brutale d'un équilibre psychologique.

exemple d'une addiction alcoolique. Là encore, aucune structure de soins adaptée pour les mineurs n'existe réellement.

R… est un jeune homme qui souffre de l'absence de son père. Son parcours est fait de ruptures et peu à peu il s'est laissé emporter dans une addiction à l'alcool. R… boit beaucoup. À 16 ans, il n'est pas rare qu'il consomme une bouteille de whisky d'une traite dès le matin. Il vole ainsi des flacons d'alcool et commet des larcins pour s'en procurer. Il est très compliqué de gérer cette maladie au foyer. R… ne veut voir aucun médecin ou psychiatre et s'enfonce ainsi chaque jour un peu plus dans un suicide annoncé.

Ce matin-là, comme tous les matins, R… ne veut pas se lever, il est agressif. Je descends dans le bureau des éducateurs, et plusieurs minutes après, c'est le bruit d'un éclat de verre qui se fait entendre sur le perron du foyer. La bouteille a été jetée de la fenêtre du premier étage de l'établissement, depuis la chambre de R…

Nous montons à l'étage avec mon collègue. R… est sur son lit, il ne bouge plus, il a du mal à parler, il sombre dans un coma éthylique. Il vient de boire d'une traite un litre de whisky. Nous appelons les pompiers qui le conduisent d'urgence à l'hôpital tout proche. Vu par un psychiatre, une hospitalisation est demandée et doit être signée par sa mère. Ce qu'elle fait. R… est alors hospitalisé dans un centre pour adultes puisqu'il n'existe pas de centre de désintoxication pour mineurs.

Je me mets en quête d'une orientation mais, dès le troisième jour d'hospitalisation, le médecin souhaite faire sortir R… de l'hôpital car il est en secteur adulte et ne veut prendre aucune responsabilité en cas d'accident de toute nature qu'il soit.

Avec de la chance et après avoir convaincu son juge, j'arrive à faire placer R… dans un lieu de vie où les éducateurs travaillent à partir de la médiation animale, car je sais que R… adore les chiens. Et cela malgré les difficultés de financement par l'Aide sociale à l'enfance bien que R… bénéficie d'un suivi éducatif administratif en plus du suivi éducatif au pénal. Le jeune homme est donc conduit sur ce lieu de vie aussitôt sa sortie de l'hôpital par les éducateurs du foyer. Tout se passe bien pendant les premiers mois, puis c'est une rechute. R… est à nouveau interné et cette fois le médecin diagnostique une schizophrénie. Il est donc à nouveau hospitalisé en psychiatrie. Il y a fort à parier que sa vie sera faite d'allers et de retours au sein de ce type de structures.

Yann a dix-sept ans. Il brule des voitures, agresse, casse. Il est systématiquement alcoolisé lorsqu'il commet ses délits. Considérer dans son cas que l'alcoolisme explique ses passages à l'acte semble être un raccourci. Il en est certainement le déclencheur, donc la cause, mais cela n'éclaire en rien sur le sens de ses comportements. Or, c'est lorsque l'on s'intéresse à la question du sens de sa conduite que l'on peut tenter d'y apporter une réponse constructive.

C'est par son anamnèse que je comprends que le jeune homme n'a jamais fait le deuil de son père, lui-même décédé d'un cancer dû à l'alcool. L'inacceptation de cette disparition prend alors la forme d'une identification au père : Yann laisse ainsi échapper sa souffrance, à défaut de mots, dans « sa casse » et dans celle de ceux qui l'entourent. Il dit qu'il va se soigner, mais ne sait pas très bien lui-même pourquoi, et ne paraît pas convaincu par ce que l'éducateur lui dit sur ce sujet. Bien que ce soit lui, Yann, qui, finalement, après des mois de suivi éducatif, confie qu'il n'arrive pas à se dire que son père ne reviendra pas.

L'une des difficultés du travail éducatif consiste à amener à la conscience de l'adolescent l'hypothèse éducative qui donne sens aux actes, et cela en vue de la discuter et d'engager alors un autre travail : celui de la responsabilisation. Yann est décédé d'une surdose médicamenteuse associée à une alcoolisation massive un soir de fête de fin d'année. Les paroles du juge des enfants prononcées en audience résonnent encore dans la mémoire des murs du tribunal, tant elles illustrent l'abîme qui existe entre les impératifs de la justice (en recherche de causes et d'explications) et la réalité du jeune homme, faite de la souffrance d'avoir perdu son père. Souffrance telle, qu'elle finit par se résoudre dans les retrouvailles d'un suicide déguisé :

« Pourquoi buvez-vous ? Il faut vous faire soigner ! » Yann n'avait rien répondu au juge, évidemment.

Il en est ainsi de tous les actes graves en rupture avec la loi qui paraissent insensés au premier abord. La cause ne fait pas nécessairement sens. Ainsi, entre les injonctions du « pourquoi judiciaire » et l'incapacité à y répondre, l'infracteur se résout au silence.

Le silence du crime : c'est celui de l'auteur sur son acte. C'est le silence de la science parfois lorsqu'elle doit expliquer le crime, mais c'est aussi le silence qui envahit la relation éducative en suggérant une compréhension mutuelle presque mimétique. Enfermé dans son mutisme, le criminel devient « aliéné », étranger à tout ce qui le rattache encore aux convenances sociales. Il est donc loisible de se demander si le crime constitue finalement l'aboutissement d'un sentiment d'aliénation, la résolution d'un conflit psychique dans le fracas, tout en permettant à son auteur de trouver enfin une place consacrée dans des codes sociaux. L'exclusion, la prison, devient ainsi l'occasion de briser ce sentiment devenu insupportable d'être un « autre ». Au fond et dans cette acception, le crime prend les allures d'un appel à la vie, ou au moins une façon de trouver sa place au sein de la société.

Yann réussit à se confier à moi peu de temps avant le drame. Cette confession peut s'interpréter comme une sorte d'aveu inconscient et prédictif d'une mort imminente, mais ce résumé seul n'est pas satisfaisant. Il évince la question de la relation éducative tissée jusque-là avec le référent éducatif. Dans cette voie, il convient de s'intéresser désormais à une forme de reconnaissance intuitive entre le délinquant et son éducateur. Il s'agit d'interroger la question des émotions dans le crime. Ce faisant, l'éventuelle impasse du « pourquoi du crime » s'efface pour laisser la place à une observation autour de ce qui se joue dans la relation avec le délinquant.

Le drame pourtant consiste bien souvent à ne faire que constater et donc à mettre l'éducateur en position de spectateur de la descente aux enfers de ces jeunes qui souffrent de pathologies ou de signes précurseurs de décompensation.

Très tôt conscient de cette difficulté, car elle est massive dans notre secteur professionnel et parce que l'on s'en aperçoit dès le commencement de sa pratique, je demande exceptionnellement à faire un stage au sein d'une unité pour malade difficile (U.M.D) [1] afin de cerner au mieux les pathologies mentales dites « franches ».

Ces unités sont dédiées aux criminels qui sont jugés mais non condamnés à une peine d'emprisonnement puisque leur discernement a été aboli au moment des faits, mais dont la dangerosité conduit à ce qu'ils restent enfermés, parfois même à vie. Ce stage est fondamental dans ma formation. Pendant plus d'une semaine, je côtoie ceux que l'on appelle dans ce milieu « les grands fous ». Cette expérience me servira d'enseignement durant toute ma vie professionnelle.

Les patients sont ici désignés par leur maladie. On me présente ainsi Monsieur D… grand paranoïaque qui a tué son voisin, Monsieur A… grand schizophrène et d'autres encore. Les chambres sont fermées à clef, la sécurité est ici maximale. On parle d'hôpital-prison. J'assiste à une séance d'électrochoc et ne pensais pas d'ailleurs que cela était encore pratiqué dans nos hôpitaux. Je devise avec Monsieur G… qui a éventré sa mère pour la libérer du démon dont il avait vu la main sortir de son vagin. Et je demande un entretien avec ce très jeune homme, peut-être âgé de 20 ou 22 ans.

Monsieur P… m'est présenté par le médiatique docteur B. comme un tueur en série potentiel. Monsieur P… s'est en effet donné la mission de tuer tous les pédophiles qu'il peut rencontrer. Il me raconte à l'envi son crime. Un infirmier est avec nous, discrètement positionné derrière lui car on ne me cache pas sa dangerosité. Sa victime, un homme âgé de 70 ans avait été choisie par Monsieur P… suite à des voix qui lui avaient expliqué que ce monsieur était un dangereux pédophile. Après s'être introduit chez lui, Monsieur P… avait réussi à attacher sa victime

1. U.M.D (Unité pour malades difficiles) : service psychiatrique spécialisé dans la prise en charge des malades mentaux présentant un danger pour eux même ou pour les autres.

sur une chaise et toute la nuit l'avait torturé pour le laisser mort au petit matin.

Au moment de notre rencontre, monsieur P… écrit un livre sur la genèse des tueurs en série. Il m'explique qu'il veut faire l'expérience de la sérialité criminelle pour pouvoir ensuite mieux la faire comprendre au monde. Son regard est glaçant, froid, c'est la seule et unique fois qu'un regard me fera peur, sinon plusieurs années après en rencontrant le jeune F… ou la même sensation de danger me saisira à la croisée de son regard.

Ce stage extrêmement formateur m'entraînera, plus tard, à travailler un temps en hôpital psychiatrique pour mineur (innovation à l'époque et qui reste très peu commune encore en France). C'est d'ailleurs au sein de l'un de cet établissement où je travaille un jour par semaine que je rencontre F…, âgé de 16 ans. Je choisis à ce moment-là de l'initier au judo. Il multiplie les passages en cellule d'isolement. Il a d'ailleurs tenté de se pendre avec son pyjama lors d'un placement au sein de cette cellule le temps d'un week-end.

Son parcours jusqu'à cet hôpital pédopsychiatrique est lourd. Il a été placé en pouponnière dès l'âge de trois ans du fait d'une mère instable et elle-même suivie en psychiatrie dès l'âge de 17 ans. Ses agissements et son comportement font bientôt apparaître une dégradation dans la prise en charge de son fils. Il n'existe plus de climat de sécurité au domicile. Elle finit par être hospitalisée d'office. Le père de F…, quant à lui, purge une peine de prison. Ainsi, la situation vogue à la dérive et les médecins psychiatres font un signalement à l'aide sociale à l'enfance qui conduit F…, après son passage en pouponnière, à être placé en famille d'accueil.

F… est intolérant à la moindre frustration, il présente un retard psychomoteur. Il montre des comportements sexualisés inadaptés au sein de la famille d'accueil. Les retours des visites avec sa mère ou son père sont empreints de comportements perturbés. Et peu à peu les liens entre l'institution et les parents se distendent au point où F… est interdit de voir ses parents par le juge des enfants.

L'enfant vit de moins en moins bien le placement en famille d'accueil, et dès que les adultes ne le surveillent pas, il transgresse les règles et fait du mal aux autres enfants accueillis. À l'école primaire, il refuse absolument de travailler, il n'écoute pas en cours, il faut l'isoler dans la classe pour pouvoir le gérer. Il se montre très violent avec les autres élèves. Seule l'activité Judo permet de le canaliser. La maman est toujours très fragile et instable. F… a aussi une petite sœur qu'il ne voit pas non plus pour les mêmes raisons déjà évoquées. Les parents finissent par se séparer, le père de F… est quant à lui décrit à ce moment-là comme très violent vis-à-vis de sa compagne.

Au fond, la souffrance domine toute cette famille et F… exprime la sienne, enfant, par une forte violence exercée envers les autres et ne se trouve pas en état de pouvoir la canaliser.

Face à l'essoufflement de la famille d'accueil, F… est placé au foyer départemental de l'enfance. Là encore, son comportement est de plus en plus difficile à gérer au point même de mettre les membres de l'équipe éducative en danger. Il lui arrive aussi de se mettre en danger lui-même, par exemple en se penchant dangereusement à la fenêtre de sa chambre, ou en escaladant les grilles de l'enceinte du foyer. Ses relations avec les autres jeunes sont très difficiles. Les psychiatres décrivent un enfant violent dont la maman est elle-même très violente. Déjà à 13 ans, il existe chez F… une forte probabilité de passage à l'acte agressif sur autrui. Un nouveau suivi psychiatrique se met en place.

Le foyer départemental de l'enfance finit par demander au magistrat une réorientation vers un établissement plus adapté. F… est donc amené à changer de foyer avec une prise en charge axée sur les troubles du comportement. Il doit suivre une nouvelle fois un traitement psychiatrique. Sa mère quant à elle multiplie les actes d'agressivité envers les services sociaux. Il lui arrive même de menacer de mort ses enfants.

F… grandit. Il entame désormais une consommation de produits stupéfiants et commet de petits délits. Les services sociaux estiment que l'enfant est lui-même pris dans la pathologie de sa mère et agit en miroir avec celle-ci. C'est l'époque où la maman est alors condamnée par une cour d'assises à 12 ans de réclusion criminelle pour avoir tué son voisin. F… est alors âgé de 15 ans. Ce dernier continue son parcours institutionnel et un profil psychotique est désormais à peine écarté par les médecins. Il se situe dans une recherche affective intense et les troubles psychiatriques y prennent une place de plus en plus importante.

Je rencontre F… dans les geôles du palais de justice, dans un autre cadre cette fois-ci. Il est mis en examen pour le vol d'un couteau, l'incendie volontaire de trois véhicules et un vol avec menace et usage d'une arme. Désormais débute mon suivi au pénal. Suite à son déferrement, le garçon est placé en détention provisoire. Ainsi à 16 ans, F… a connu, la pouponnière, différents établissements de placement, des familles d'accueil, l'hôpital psychiatrique et maintenant la prison.

Les premiers temps en détention sont difficiles, F… questionne sur sa filiation, il semble en quête d'un repère. Il est incarcéré au quartier mineur de la même prison où sa mère est détenue pour homicide. Étrange coïncidence pour un enfant en quête d'une relation maternelle d'avec laquelle il a été séparé dès sa naissance. Je décide de reprendre « à zéro » le suivi de F… et je considère que, dans cette situation, la coupure avec la mère, jugée nocive par les services sociaux, ne permet manifestement pas à ce dernier de se construire de manière équilibrée. Je me mets donc en quête de rencontrer sa mère et de retrouver son père.

F…, quant à lui, multiplie les incidents en détention et souffre de l'enfermement. J'oriente rapidement mes recherches d'alternative en détention vers un lieu de vie afin de tenter une accroche avec un repère adulte et avec l'idée en parallèle de travailler à la restauration des liens mère/fils et père/fils. Le projet de sortie est travaillé avec F…, il en est d'accord.

Après avoir convaincu le juge d'instruction, je me vois procéder à la levée d'écrou du jeune homme. Mais dès la sortie de la maison d'arrêt, le garçon change d'attitude, il est revendicatif, agressif, et refuse de monter dans la voiture. Il veut de l'argent, manger un kebab, se promener en centre-ville. Face à mon refus, et contre toute attente, le garçon prend la fuite en courant et traverse le périphérique à toute jambe au péril de sa vie en criant « libertad ! ». Je le déclare immédiatement en fugue. C'est un échec. F… est arrêté quelques jours plus tard dans un train en direction de Paris et placé à nouveau en détention à la maison d'arrêt d'où je l'avais sorti initialement.

Je reprends donc le suivi éducatif. Entre-temps sa mère est transférée dans un établissement pour longue peine dans l'ouest de la France. F… quant à lui, et à la suite de nouveaux incidents en détention, est orienté dans un établissement pour mineur éloigné. Étrangement aussi dans l'ouest de la France. Il refuse désormais l'aide éducative. Suite encore à de nouveaux incidents, il est redirigé vers un autre établissement pénitentiaire. Ce ne sera pas le dernier. Il sera en effet encore déplacé, suite à l'agression sur un codétenu, vers une autre maison d'arrêt.

Je décide de rencontrer sa mère en détention, d'abord au sein de la maison d'arrêt où elle était incarcérée en même temps que son fils puis au centre pénitentiaire où elle purge sa peine de 12 ans de réclusion pour meurtre. Elle apprend ainsi par mon entremise que le père de F… est lui aussi incarcéré. Je commence notre première entrevue par ces mots : *« j'ai un problème »*. Accoutumée à voir des travailleurs sociaux, cette entrée en matière permet immédiatement l'instauration d'une forme de confiance. Je rajoute : *« mon problème c'est votre problème aussi, c'est F... »*. Je découvre alors, et c'est sans doute pour la première fois que la maman se livre sur ce sujet, le fait que F… a été agressé sexuellement par un de ces oncles lorsqu'il était petit.

Dans la foulée, je rencontre le père de F…, lui aussi en détention. Je deviens peu à peu et au fil du temps une sorte de messager entre les membres de cette famille, qui sont tous à ce moment-là, incarcérés. Avec l'accord de chacun, un travail de restauration peut désormais se mettre à l'œuvre. Au bout de quelques semaines, je réitère ma demande d'alternative de détention au juge pour emmener F… sur le lieu de vie initialement choisi et cela en parallèle d'un travail de médiation à distance entre F…et ses parents, mais aussi entre le père et la mère. Je me mets en quête également de retrouver la sœur de F…, placée par l'aide sociale à l'enfance en famille d'accueil.

Après l'audience devant le tribunal pour enfants, je réussis avec ma collègue à conduire F… sur le lieu de placement alternatif à la détention. Il fait nuit lorsque nous arrivons. C'est la campagne, et je dois bien convenir que le lieu n'inspire pas tout à fait confiance. Il est tenu par un couple, qui m'expose le fait que leur berger allemand saura certainement calmer les ardeurs du jeune homme ! Effectivement, F… vit mal le placement qu'il vient d'intégrer. Il m'appelle plusieurs fois par jour au service pour me demander de lui trouver un autre lieu de vie. Puis ses appels deviennent plus menaçants. Il émet désormais des injonctions. Il ne veut plus être placé. Je sais que ce placement ne durera pas longtemps et je décide de trouver une solution familiale en relais. Je parle au père au parloir de sa prison et j'obtiens de lui la possibilité de proposer au juge de placer F… chez la nouvelle compagne du père, tout en sachant que ce dernier va bientôt sortir de prison.

Et puis c'est l'incident sur le lieu de vie. F… agresse physiquement l'éducatrice, il commet de surcroît le cambriolage d'une maison voisine. Convoqué chez le juge des enfants, il part en fugue. Finalement rattrapé et, jugé, il retourne en détention pour purger une peine d'un mois d'emprisonnement. Pendant ce temps et en dernier recours, je propose au juge, qui accepte, comme je l'avais anticipé, de placer F… chez sa belle-mère à sa sortie de détention.

Les choses s'apaisent, mais après quelques semaines, c'est à nouveau l'incident. F… est rentré alcoolisé chez sa belle-mère. C'est l'occasion pour celle-ci de m'avouer tout ce qui ne va pas avec son beau-fils. Elle ne se sent pas en sécurité chez elle et demande même une protection policière ! C'est une nouvelle fois l'échec de la prise en charge. Un nouveau jugement arrive et cette fois F… est condamné à 30 mois de détention pour des faits commis antérieurement. Il est incarcéré dans une autre région très éloignée.

Mon suivi aura duré deux ans où j'aurai tout tenté. F… a désormais 18 ans. La situation devenait ingérable tant il était agressif envers le personnel éducatif du service et moi-même. J'étais devenu, dans une forme de paranoïa chez lui, l'unique responsable de sa situation pénale et carcérale. Je me sentais ainsi menacé par ses mots, ses promesses de vengeance. J'étais devenu le mal, le mauvais objet à abattre.

Ce récit montre, de manière symptomatique la façon dont les services sociaux sont dans l'incapacité de gérer certaines situations et au pire alimentent les problématiques. L'aide sociale à l'enfance avait détruit les liens mère/fils dès l'origine, et cela dans une bonne intention de protection de l'enfant mais l'absence de mots, d'explications, l'absence de soins, l'absence de diagnostic précoce, et aussi parfois l'entêtement des personnels éducatifs à rompre le lien, avaient laissé ouverte une seule et unique expression au mal-être : les passages à l'acte violents commis dans l'espoir de se rapprocher de la mère. Et, subséquemment, avaient participé au développement d'une pathologie psychiatrique empreinte de persécution et de paranoïa. Tous les ingrédients d'un passage à l'acte grave et définitif étaient ainsi réunis.

Les mots encore une fois ne faisaient que pendre au bord du vide, tant ils étaient devenus eux même vides de sens, et ne laissaient finalement la place qu'à l'expression d'un agir délinquant et criminel violent.

9

La violence et la mort

Nous sommes peu nombreux dans ce petit cimetière de quartier. Il y a là les membres de l'équipe éducative. Pas de famille. Les coups de pelles vont bon train pour recouvrir le cercueil. Le malaise est palpable. Les éducateurs ne devraient jamais à avoir un jour à procéder à l'enterrement des mineurs dont ils ont la charge.

La prière dite, tous regagnent leurs occupations. Quelques jours avant, j'avais dû me rendre au sein du service de réanimation de l'hôpital ou J… était « branché ». Le médecin m'explique alors que son cerveau est « mort » et que les machines ne permettent que le fonctionnement mécanique des organes du corps. Il m'informe que le service va devoir arrêter les soins car il n'y a aucun espoir pour le jeune homme.

Le déficit de prise en charge psychiatrique est prégnant lorsque que les équipes éducatives se trouvent confrontés à des épisodes de décompensation. Une juge, un jour, me dit qu'elle aime mon travail car je suis un « bricoleur de l'éducatif. » En réalité, c'est l'absence de dispositifs, et surtout l'absence de liens entre les différentes institutions qui oblige à se faire artisan dans la prise en charge d'un jeune. Et malgré tout, parfois, ce « bricolage » n'arrive pas à faire sens. Il en est ainsi de la situation de J… qui fait partie de ces nombreux mineurs que l'on nomme tantôt « non accompagnés » ou « mineurs isolés », et qui arrivent en France après un long périple afin de fuir leur pays, le plus souvent pour des raisons économiques avec l'espoir d'une réussite en France. La plupart du temps, sans aucun papier administratif, ils sont le jouet d'un certain nombre de réseaux qui les prennent « sous protection » et qui les maintiennent dans un état de dépendance par la contrepartie de médicaments en forme de rétribution à des vols à commettre. Ces réseaux promettent un hébergement, un studio, en prenant pour illustration ce qui se passe pour un certain nombre d'entre eux placés en hôtel par l'aide sociale à l'enfance, par manque de disponibilité de places dans les foyers d'hébergement où, plus prosaïquement, parce que l'on veut d'abord « faire passer les nationaux » avant les étrangers.

Lorsqu'ils arrivent en France, ces mineurs sont bercés le plus souvent d'une illusion de réussite facile. La réalité est beaucoup plus difficile et ils se voient rapidement confrontés à une autre réalité : celle qui dévoile le fait que les dispositifs qui se voudraient spécifiques à leur prise en charge n'existent tout simplement pas. Ils doivent alors faire avec leur incompréhension qui se charge peu à peu en agressivité. Car l'inertie administrative dans laquelle ils se trouvent prend chez eux la coloration d'une forme de persécution, comme si les institutions, délibérément ne voulaient pas les aider, « eux ».

Cette inertie fait écho à divers traumatismes vécus, soit dans leur pays d'origine, soit au cours de leur long périple pour atteindre la France. Et la dépendance aux médicaments devient la seule échappatoire pour ces jeunes. Une forme de dépression peut s'immiscer chez certains, et l'absence de perspective conduit à une tension psychique intense où l'agressivité prend le pas sur la raison. Il faut dire que l'absence de partenariats avec les ambassades, les consulats, l'absence de dispositifs ethnopsychiatriques, mais aussi de traducteurs, de psychologues dédiés : tous ces manques sont un barrage à une action éducative fiable. À cela peut s'ajouter le fait que, une fois étiqueté délinquants, il est très difficile de les amener à être suivis en assistance éducative par les magistrats.

L'agitation est là, l'agressivité monte chez certains, et la seule optique pour les professionnels relève de la mise en place de soins, c'est-à-dire d'institutionnaliser leur dépendance médicamenteuse afin que celle-ci soit au moins acceptable si le reste, c'est-à-dire, la vacuité de la prise ne charge, ne l'est pas. Les équipes éducatives se trouvent projetées dans un sentiment profond d'impuissance, et le quotidien éducatif devient bricolage dans une visée d'abord occupationnelle, sans perspective constructive ni pour le mineur ni pour l'éducateur. C'est ainsi une inscription dans un dispositif d'insertion hors du droit commun qui est mise en place. Mais à laquelle ces jeunes n'adhèrent de toute façon que très peu, puisque leur objectif est de travailler pour réussir en France. Par lucidité sans doute, ils abandonnent assez rapidement cette inscription et peu à peu retombent dans une forme de délinquance qui finalement leur rapporte plus d'argent et de moyens de subsistance. À cours de perspectives, et dramatiquement, c'est le mineur lui-même qui trouve parfois une issue, celle d'attenter à sa vie par le suicide. C'est la conclusion que J… avait décidé de donner à son placement.

En réalité, c'est l'institution au sens large qui établit les conditions favorables au passage à l'acte suicidaire. Les phases du suicide sont connues, elles ont été décrites par Freud qui estime que le suicide peut être considéré comme un meurtre inversé, transposé. Ainsi l'institution est le témoin de la lente « descente aux enfers » de J…: dépression, mélancolie, agressivité, apparition de symptômes dissociatifs, troubles alimentaires, décompensation psychotique ou les démons et la sorcellerie frappent. Car désormais J… jette du sel sur la porte de sa chambre le soir avant de tenter de dormir pour faire fuir les diables qui lui parlent et le harcèlent la nuit.

L'agressivité prend le pas définitivement. Une crainte se fait jour, celle de le voir passer à l'acte de manière auto-agressive ou hétéro-agressive par la commission d'un geste « fou » dans la rue en agressant tous les passants rencontrés au hasard sur son chemin Des notes d'alerte, des courriers d'alarme sont envoyés au magistrat référent, sans réponse ou alors de manière laconique : *« Je ne placerai pas J… à l'aide sociale à l'enfance, je ne mettrai pas un grand adolescent comme lui avec des petits*

». La psychiatrie est interpellée, tous les organismes connus sont sollicités, et chacun se renvoie la compétence de la prise en charge : aucun traitement, aucune hospitalisation, aucun protocole. La tragédie est décidément plus que jamais en route lorsque la détresse est sourde et ne fait « pas de vague ». J… ne fait pas trop de vagues mais se noie et sombre chaque jour un peu plus dans la folie.

Et puis c'est la fugue, une longue disparition inquiétante, sans donner de nouvelles pendant plusieurs jours, quelques semaines. Finalement, c'est au cours d'un après-midi, à l'occasion d'un retour au foyer, que, agité, il lâche : *« maintenant je suis là »* tout en repartant aussi vite que venu, sans autre explication. Celle-ci viendra quelques jours après, lorsque le commissariat m'apprend que J… a été retrouvé sur le bord du fleuve, pendu à la branche d'un arbre.

La gestion de l'« après-suicide » est réalisée non par l'institution, mais par ceux des éducateurs qui l'incarnent, et par humanisme. Il faut préparer les obsèques, aller reconnaitre le corps à la morgue, procéder à l'enterrement. Une concession sur 30 ans est financée sur demande expresse de la direction de l'établissement au cas où, un jour, un membre de la famille se manifesterait.

Il en est ainsi de la prise en charge des mineurs de manière générale. Nombre d'ouvrages ont été écrits sur les symptômes, la délinquance, la marge, la violence, la casse, la déviance, mais peu sur la résonance que ces prises en charge engendrent chez les professionnels et les institutions. Combien d'éducateurs n'osent plus désormais ouvrir la chambre de J… de peur de le voir, de peur de raviver son souvenir, de peur de sentir là, personnifiée, la culpabilité dont ils sont porteurs.

Le défaut d'accompagnement institutionnel interroge donc, tant l'établissement est traumatisé par cet événement. C'est comme si l'institution avait sombré dans une forme de « glaciation psychique » et au travers de laquelle la pensée s'était arrêtée. Dans une atmosphère où le deuil collectif n'est pas fait, alors la peur et la crainte de prendre en charge de nouveaux mineurs isolés s'installent. Il est très peu parlé dans les institutions qui prennent en charge les jeunes, de grandes angoisses qui fondent l'humanité. L'angoisse de mort en fait partie.

J… est un « non-mort », un fantôme qui hante dorénavant l'établissement. Sans doute est-il devenu une illustration de ce qu'il avait souhaité nous dire en guise d'au revoir par ces mots lâchés à l'emporte-pièce : *« maintenant je suis là »*. J… est là, à présent, tel un vampire, qui, dans l'imaginaire diffuse la mort et contamine les vivants. Il glisse désormais entre les murs et les portes du foyer dans un temps indéfini.

Cette violence, je l'ai souvent vécue, elle est bien sûr le fruit des comportements de ces jeunes, qui ne peuvent s'exprimer qu'à travers ce mode de communication, mais elle est aussi institutionnelle. Ce qui me fait dire qu'il existe des situations de violences dans lesquelles les institutions ne sont pas étrangères. D'ailleurs, les établissements dans lesquels la violence est reine, sont bien souvent les seuls responsables, de par leurs dysfonctionnements, de cet état de fait.

Je me rappelle ces foyers, connus, dans lesquels s'exerce de manière assumée une violence institutionnelle. Cette « chambre de réflexion » dans laquelle on enferme les jeunes plusieurs heures afin qu'ils réfléchissent à ne plus fuguer. C'est cette soirée dans un autre foyer où les éducateurs viennent en nombre pour « mater » par la violence les récalcitrants. Heureusement, ces exemples ne sont que parcellaires mais ils ont existé et existent peut-être encore. Une violence ténue rampe, au travers de laquelle certaines institutions demandent d'abord aux jeunes de se conformer. On voit alors de-ci de-là des attitudes dites éducatives qui avoisinent plutôt certaines formes de maltraitance. D'ailleurs, il n'y a que peu ou pas de contrôles systématiques de ces structures. Et ce n'est que lorsqu'un fait médiatique ou un reportage télévisé s'y intéresse, qu'alors des voix s'élèvent sur les conditions de prise en charge de ces enfants. La loi prévoit au moins une visite par an des magistrats, mais cela n'arrive pratiquement jamais et nous en arrivons à un paradoxe qui consiste, pour certains juges, à ne pas connaître les types d'établissements dans lesquels ils placent les mineurs. Il y a là un effort à faire dans la sensibilisation de ces professionnels sur les différents modes de prise en charge des mineurs délinquants. À l'instruction, c'est un constat encore plus marquant tant certains juges d'instruction sont perdus par leur méconnaissance des dispositifs, lorsqu'ils ont à faire à un jeune criminel.

Le placement est violent, quoi qu'on en pense. Et parfois le fonctionnement de l'institution reproduit les problématiques des familles, ce qui là encore peut alimenter la violence. Il est dommageable que ne soient pas plus enseignées les notions de rupture et d'attachement aux éducateurs. Aussi peu formés à ces questions, c'est bien souvent leur propre sentiment et leur « intime conviction » qui parlent plutôt qu'une objectivation des situations. De la même façon, les déplacements de mineurs d'un foyer à un autre, sans avertissement aux parents, le rapport aux services de police et aux institutions en général sont autant de violences subies, qui ne permettent pas d'apaiser les situations.

L'éducateur aussi vit ces situations de violences parce qu'il est plongé dans la quotidienneté de ces établissements. Depuis quelque temps déjà, un des jeunes du foyer rackette les autres. Tout le monde le sait, en parle, les jeunes placés, mais aussi les éducateurs, et rien ne se passe. Tout le monde attend et finalement subit cet état de fait. L'attitude de caïd du jeune est particulièrement insupportable. De retour de congés, je constate que la situation n'a pas évoluée.

Nous sommes à table, et vient le temps du dessert. Je n'ai rien dit jusque-là, puis je me tourne vers le mineur en question et lui dis qu'il n'aura pas de dessert, parce qu'il fait la loi, que cette posture est intolérable et que personne n'a à subir cela. Il rétorque, insulte, je me lève et me dirige vers lui. C'est un grand adolescent qui me dépasse d'une tête. Au moment où je suis à sa portée, il m'assène en un éclair un grand coup de poing au visage. Je vacille mais ne tombe pas. Il s'ensuit une bagarre entre nous deux ou je finis par avoir le dessus, aidé en cela par un autre jeune du foyer. L'agresseur s'enfuit en m'insultant.

Je me plais à prendre cet exemple afin d'illustrer aussi la violence vécue par les éducateurs. Mais il ne s'agit pas seulement de la violence des mineurs. Cela concerne également la violence dans le traitement de ces affaires par l'institution judiciaire. En effet, lorsqu'un éducateur est victime de violences dans l'exercice de ses fonctions, les notes administratives indiquent qu'il doit être accompagné dans les démarches qui suivent, par son employeur, pour déposer plainte et/ou pour consulter le médecin. Il existe d'ailleurs une disposition qui prévoit la protection juridique dite fonctionnelle de l'agent comme par la mise à disposition de l'assistance d'un avocat. Et pourtant, ce jour-là, je vais seul au commissariat de police déposer plainte : pas d'accompagnement par mon directeur. Je quitte le service et rentre chez moi comme penaud, avec encore la douleur au visage. J'apprends que le mineur reste au foyer, parce que le juge n'a pas décidé de réagir face à cet événement. Je suis en arrêt maladie suite à de petites blessures et je reçois quelques coups de fil de collègues qui prennent de mes nouvelles en soutien, mais rien de la part de mon administration et de mes supérieurs hiérarchiques.

Je reprends le service une semaine après avec toujours le jeune présent au foyer. La vie au foyer se déroule désormais dans l'évitement. Puis, le temps du procès arrive. Je me tiens à la barre du tribunal, côte à côte avec mon agresseur. J'explique les faits. Le magistrat alors lance ces propos à mon attention : *« mais cela fait partie de votre métier de gérer la violence ! »*. Ainsi, non seulement l'institution judiciaire ne venait pas sanctionner le fait d'agression mais elle légitimait cette dernière.

Pendant toute ma carrière, j'ai vu cette violence, je l'ai subie parfois. Elle est aussi agie en direction de ce magistrat qui un jour reçoit en audience un coup de poing par un père de famille. C'est ce jeune qui se roule par terre dans le bureau du juge parce qu'il ne veut pas aller en prison et pour lequel on appelle les pompiers afin de lui administrer un calmant et l'emmener plus aisément au dépôt. Ce sont les cris de ce jeune dans les geôles du palais de justice qui hurle son désespoir. C'est cette jeune fille placée en famille d'accueil qui s'ouvre les veines et que je dois emmener aux urgences. C'est ce garçon qui passe ses bras par la vitre de la porte du séjour du foyer, ou encore ce jeune pour lequel je dois ramener la « fouille » aux parents parce qu'il s'est pendu dans sa cellule. C'est encore celui qui fait une overdose médicamenteuse un soir du Nouvel An. Je me vois parfois à terre, afféré à contenir un mineur qui explose de violence, où me mettre entre un collègue et un jeune qui s'est saisi d'un manche à balai afin de lui asséner des coups.

La violence vécue, c'est aussi celle renvoyée, malgré eux, par mes collègues, par la violence de leur disparition. Et cela de toute évidence en lien avec un métier si difficile à supporter. C'est Paul retrouvé pendu dans un bois avec sa seule carte d'identité professionnelle sur lui. C'est aussi Alex, qui elle aussi met fin à ses jours. On ne parle jamais des suicides des éducateurs, pourtant ils ne sont pas si exceptionnels que cela. Le suicide serait-il « naturel » chez les travailleurs sociaux ?

Il est des mots là aussi mais cette fois des éducateurs, des assistants sociaux, qui se trouvent au bord du vide et que l'on n'entend pas. Je m'en veux toujours aujourd'hui de ne pas avoir répondu à l'appel à l'aide d'Alex et de l'avoir finalement laissée partir.

Mon téléphone sonne, c'est le père d'Alex. On ne se connaît pas, il m'annonce le suicide de sa fille. Il veut comprendre. Il sait que cette tragédie est en rapport avec le travail. Il s'est mis en quête de contacter les collègues de sa fille pour comprendre son geste. On ne s'imagine pas à quel point ce métier est fait de violences. Le drame consiste peut-être à considérer, aussi bien pour la société civile que pour l'administration, que ces dernières sont intrinsèquement liées au travail social et qu'au fond : *« on n'y peut rien ».*

10

De l'enfance placée à l'enfance déplacée

Le placement judiciaire comme la peine de prison revêt une fonction. Il s'agit la plupart du temps d'un outil pour le magistrat qui vise à permettre une « reprise en main » du mineur lorsque les conditions familiales n'offrent plus un cadre suffisamment fiable pour, à lui seul, autoriser l'arrêt des passages à l'acte délictueux. Il s'agit alors de donner un sens au placement en priorité dirigé vers le mineur.

Le sens du placement consiste à donner une chance au jeune pour se réinsérer, entamer ou reprendre une scolarité ou une formation, et lui faire prendre conscience des enjeux de sa situation et de ses comportements. Il s'agit d'œuvrer à le sensibiliser à la question des victimes et de tenter d'enrayer la spirale de la récidive. Cette perspective si bien décrite dans les premiers textes relatifs à la prise en charge des mineurs délinquants connaît elle aussi une dérive, et il n'est pas rare de voir aujourd'hui le placement utilisé par les magistrats en première intention comme une mesure d'éloignement d'un quartier. Ce qui entraîne un déplacement du sens initial du placement, de l'éducation vers celui de l'exclusion.

De ce fait, et peu à peu, les questions liées à l'opportunité de telle ou telle structure de prise en charge plient sous l'impératif de faire partir le mineur de son quartier et de son environnement dit « naturel ». Dans cette perspective, le placement prend de moins en moins sens aux yeux du mineur. Il n'est plus vécu comme une chance de s'en sortir mais d'abord comme une sanction. Or, le placement n'est pas une peine dans sa philosophie première. Il se veut une main tendue, une aide de la justice mais aussi une période d'observation en vue du jugement qui arrivera quelques mois plus tard.

La question du sens est donc une nouvelle fois convoquée ici et les mots ont toute leur importance dans ce contexte. À cela s'ajoute un autre phénomène qui réside dans le constat d'une pénurie de places d'accueil des mineurs délinquants même si la part des jeunes placés pour crimes ou délits ne dépasse pas les 4% de l'ensemble des jeunes sous-mains de justice [1].

Il est donc loisible de poser les questions suivantes : comment répondre éducativement d'une part, à la problématique des mineurs délinquants lorsque le placement ne fait pas sens chez ces derniers et qu'il est vécu essentiellement comme une sanction ; et d'autre part, comment les jeunes se retrouvent placés dans des établissements qui ne sont pas nécessairement les plus adaptés à leurs problématiques ?

À ces interrogations s'adosse un constat. Les équipes éducatives à la PJJ ne sont constituées que par voie de mutation. Leur constitution n'est pas « choisie » par la direction de l'établissement. Il faut donc arriver à fédérer des éducateurs qui viennent d'horizons et de cultures professionnelles parfois différentes. Il existe bien une école nationale de la PJJ, basée à Roubaix, mais cette dernière n'arrive peut-être pas assez bien à formuler une culture professionnelle commune qui aurait pour vertu de fédérer les éducateurs autour d'un projet. En effet, contrairement aux établissements privés, les établissements de la P.J.J., donc publics, disposent d'un projet de service mais celui-ci en général est d'abord un catalogue descriptif d'actions ou de pétitions de principe sans reposer sur une base pédagogique claire. Ainsi, les professionnels sont bien en mal d'expliquer sur quel modèle théorique ils travaillent et avec quels outils. Ce qui

1. Statistiques de la protection judiciaire de la jeunesse 2023.

les conduit souvent d'ailleurs, à décrire leur métier plutôt en « creux.

Ainsi l'éducateur explique qu'il n'est pas un animateur, ni un psychologue, ni un cuisinier, ni un bricoleur, en réalité il est un éducateur du « ni-ni ». Cela n'entache en rien le total engagement au quotidien de ces derniers qu'il faut saluer. Mais tout repose alors principalement sur l'expérience acquise et une forme de bon sens et d'intime conviction de chacun. Il ne s'agit pas dans mon propos de dénigrer la profession mais de constater au contraire, que ce type d'approche pourrait constituer, s'il était théorisé, un nouveau modèle pédagogique de prise en charge.

Quoiqu'il en soit, à l'heure actuelle, ce bilan peut expliquer pourquoi la plupart des établissements de placement ont du mal à fonctionner correctement. À cela s'ajoute le fait qu'à la tête de ces établissements, se trouvent souvent nommées des personnes sans expérience, ce qui contribue à la complexification de leur bonne marche. Et de conclure que les lieux de placement fonctionnent souvent dans le dysfonctionnement, par un manque de fédération du personnel autour d'un projet, et parce que les personnels sont difficilement ancrés à leur « bonne place ».

Si l'analyse des professionnels est cependant fine et de qualité, je constate parfois une absence de recul nécessaire à la bonne interprétation des situations rencontrées chez les mineurs, ce qui engendre vraisemblablement des parcours institutionnels hachurés chez ces derniers. L'enfant placé devient donc un enfant déplacé de foyers en foyers. Il ne s'agit pas de décrire une vérité systématique mais lorsque j'ajoute à cette fin, l'absence de dispositifs et de réflexions en termes psychologiques ou psychiatriques, l'absence de réseaux fiables en matière d'insertion, je peux affirmer que le placement peut perdre définitivement son sens. Ainsi, pour des enfants particulièrement fragiles, c'est l'institution elle-même, par ses carences, qui crée ce que l'on nomme à l'envie des « incasables ». C'est-à-dire des enfants inadaptés aux institutions, lesquelles pourtant sont élaborées pour prendre en charge l'inadaptation de ces derniers.

En réalité, ce n'est pas l'enfant qui n'est pas « casable », mais c'est le fait qu'il n'existe pas pour certains de « cases » pensées, réfléchies, structurées avec des personnels formés comme ils devraient l'être. Je me suis souvent fait la réflexion selon laquelle la justice alimente elle-même dans un certain nombre de situations les problématiques familiales. Et c'est en cela que la justice « participe au crime ». Elle peut contribuer à la construction ou du moins à l'ancrage du jeune dans la délinquance. Combien de fois, n'ai-je pas entendu dire, au sein de nos établissements, qu'un enfant est placé sans être vraiment délinquant et qu'il en ressort comme installé dans la délinquance !

Nous manquons peut-être parfois de recul dans nos analyses de certaines situations mais aussi d'outils théoriques. Or, un jeune placé dans un environnement au sein duquel il montre une asocialité patente ne l'exprimera pas nécessairement dans un autre environnement. Il n'existe donc pas de naturalité du mal. Il s'agit avant tout d'interroger l'environnement de prise en charge qui peut faire « mal », tant il est sourd à la souffrance de l'enfant.

A… est un enfant adopté. Cela évoque bien sûr les questions d'abandon, et de séparation. Qu'est-ce qui peut être plus traumatisant que de se voir rejeté par ses parents adoptifs ? En effet, face aux comportements adolescents et déviants de A…, ses parents adoptifs demandent de l'aide à la justice et peu à peu expriment une forme de rejet de leur enfant. Après la commission d'un petit acte de délinquance, A… est placé en foyer. Les multiples placements que A… connaît en deux ans n'interrogent personne. Mais en réalité, ses parents ne le désirent plus. Sur les lieux de placement, A… est perçu comme violent, intolérant à la frustration. Il en vient à frapper une éducatrice. Il est ainsi déplacé de foyers en foyers. L'institution judiciaire en réalité reproduit de manière inconsciente et ravive une blessure initiale : celle de l'abandon par la mère biologique. Par un effet de transfert jamais analysé, l'enfant en veut à sa mère adoptive. Il teste constamment son amour envers lui en multipliant les insultes à son égard et les violences intra-familiales. Les parents, quant à eux, ne cessent de demander le renouvellement du placement de leur fils. A… comprend naturellement cette démarche comme une demande d'éviction de la part de sa mère adoptive qui rejoue ainsi l'abandon originel. Le placement est vécu comme une injustice et les acteurs de la justice comme les alliés de cette mère « indigne ». Le sens du placement n'existe pas chez A… autrement que comme un bannissement.

Cette situation tend à rendre « fou » l'adolescent et l'englue dans une forme de souffrance insondable. Ses parents, par le rejet qu'ils lui font ressentir, l'entretiennent fondamentalement dans une sorte de punition sans fin. Les placements successifs sont donc et de manière récurrente systématiquement voués à l'échec. Ce qui ancre le garçon dans une sorte de fatalisme et de haine au sein de laquelle, il estime n'avoir plus rien à perdre, quitte à commettre des actes très graves.

Je le constate au foyer où il est à craindre une escalade. Le jeune homme s'en prend un jour aux véhicules administratifs et casse leurs vitres et parebrises. Ce n'est pas un hasard, car l'institution chez une personnalité à la fois abandonnique et persécutée vit le foyer comme une « bonne mère »[1] . Or, nous reproduisons la problématique initiale par le fait que le règlement intérieur du foyer conduit inévitablement à la frustration. Le foyer comme la maman, devient à la fois nourricier et rejetant (par exemple par la suppression de l'argent de poche, reliquat d'un passé institutionnel qui servait de gratification aux bons comportements des jeunes. Il est fixé par décret à hauteur de 10 euros par semaine).

L'institution est donc vécue inconsciemment comme le substitut maternel et dans ces conditions il n'est pas incompréhensible de voir A… devenir de plus en plus ingérable comme il peut se le montrer au sein de sa famille. En réalité, c'est la justice qui, par son défaut de compréhension, rend le mineur haineux d'un système qui est ressenti comme persécuteur et rejetant. Je maintiens donc le fait que dans certaines situations, la justice fabrique ou entretient la délinquance ou pire participe au déclenchement de certains passages à l'acte. Pendant que les établissements « bricolent » dans la prise en charge au quotidien pour lutter contre cet état de fait lorsqu'ils en ont pris la mesure,

1. WINNICOTT D.W, *La mère suffisamment bonne*, Petite bibliothèque Payot, 2006, 122 p.

les jeunes eux, s'enfoncent dans le vide par leurs mots qui ne font plus sens aux yeux de l'institution. Dépourvus de mots, incompris, les actes violents sont leur seul recours comme une forme de communication.

Ce jour-là, A… bénéficie seulement de trois euros d'argent de poche. Sa mère nourricière, le foyer, « s'en prend encore à lui », et tous les arguments objectifs pour tenter de lui faire comprendre le fait que c'est son comportement au quotidien qui conditionne le montant de son argent de poche n'y font rien. Face à cette forme de rejet ressenti, c'est-à-dire à ce sentiment d'avoir si peu de valeur aux yeux de l'institution et donc à ceux de sa mère, de colère et de haine, A… casse, les vitres de deux véhicules administratifs. Il faut convaincre les décideurs judiciaires et financiers de cette analyse pour pouvoir donner une chance à A… de s'en sortir à ses 18 ans car sans famille, sans repères et plongé dans la rue, que va-t-il faire, que va-t-il devenir ? Cette rage l'entraînera-t-elle à passer à l'acte hétéro- ou auto-agressif ? La question du coût de la prise en charge financière au-delà de ses 18 ans est cruciale. Elle risque d'alimenter définitivement chez le jeune l'idée qu'il n'a désormais aucune valeur, ni pour sa mère naturelle, ni pour sa mère adoptive et ni même pour sa « mère patrie ».

Une fois encore, les mots se tiennent au bord du vide. Il en est de même pour ces jeunes dits « états-limites » [1], lesquels ne sont pas considérés comme « suffisamment » atteints d'une pathologie mentale pour être pris en charge par la psychiatrie, mais qui, à l'opposé, adoptent des comportements associés à des troubles du comportement et pour lesquels les éducateurs ne sont pas formés. Alors de placements en placements, de déplacements en déplacements, on attend la majorité avec tout son cortège de violences et de passages à l'acte qui émaillent leurs parcours institutionnels, sans jamais avoir pu travailler la problématique de fond.

Il est ainsi loisible de se demander si la prise en charge judiciaire ne facilite pas tout simplement, dans certains cas, au

---

1. *Les états limites*, *op. cit.*

mineur une forme d'adaptation dans telle ou telle forme de délinquance : le violent s'ancre dans la violence et la haine, l'agresseur sexuel apprend à se « normaliser » sans jamais que ne soit travaillé sa problématique d'agression. D'autant qu'il n'existe pas à ce jour de véritable passage de relais entre les services de prise en charge mineurs et les services de probation pour les majeurs. De manière plus ample, il serait certainement judicieux de travailler à une réelle collaboration entre ces services judiciaires car dans la plupart des situations les auteurs d'infractions à l'âge adulte sont déjà connus de la justice des mineurs. Lorsqu'il n'a plus de place, l'enfant, d'une manière ou d'une autre, disparaît, au risque de ressurgir avec fracas sur la scène pénale à l'âge adulte.

11

« Je m'appelle VOLDEMORT Et je te viole jusqu'à la mort ! »

La question du traitement par la justice des adolescents qui commettent un passage à l'acte à caractère sexuel est tout à fait particulière. Autant la Justice paraît à l'aise face à des comportements délinquants « traditionnels » comme le vol, l'incendie, ou les violences volontaires et pour lesquels elle en oublie parfois le caractère éducatif de sa mission dans ses réponses répressives, autant pour la délinquance sexuelle sa détermination semble beaucoup moins claire. En ce qui concerne les actes intrafamiliaux de viols ou d'attouchements sexuels, la ligne de conduite de la justice des mineurs donne ainsi l'impression de « naviguer à vue ».

Il semble en effet, à l'observer, que la justice se situe immédiatement dans une dimension strictement éducative et compréhensive de l'acte. Ainsi, et alors que le juge peut ne jamais demander une expertise psychologique ou psychiatrique pour un multirécidiviste en matière de vols de voitures par exemple, cette démarche est systématiquement demandée lorsqu'un mineur est déféré pour des infractions à caractère sexuel commis ou non dans le cercle familial ou sur des enfants en bas âge.

Que veut dire cet automatisme de la justice face à ce type d'actes criminels ? Est-ce le fait d'une incompréhension qui guide cette attitude ? Est-ce que ces actes nous paraissent d'emblée tellement anormaux qu'il est impérativement nécessaire d'en trouver une explication pathologique ? En tout état de cause, cette réaction montre l'inconfort de la justice face à ce qui est inacceptable, voire inexplicable. Ainsi, et alors que la justice est à l'aise dans le traitement des comportements transgressifs violents, c'est comme si le fait de commettre un acte à dimension sexuelle la plaçait dans un embarras la conduisant à ne préconiser qu'exceptionnellement la détention des mineurs. Ici et à plein, joue le principe fondateur d'individualisation et d'éducation au sens de l'ordonnance du 2 février 1945 et aujourd'hui du Code de la justice pénale des mineurs. Nous pouvons par exemple être surpris en tant que citoyen, étranger aux subtilités de l'éducatif, de voir placé en foyer un jeune suivi à l'instruction pour avoir commis plusieurs viols successifs. La question reste donc de savoir si la limite posée par une éventuelle incarcération en réponse à des actes de cette nature est ou non du ressort de l'éducatif, et quel écho ce traitement provoque chez les victimes.

Nombre de ces actes sont commis dans le secret des familles et lorsque qu'ils font effraction dans des constellations familiales qui possèdent des capacités de réactivité, ce sont bien souvent les familles elles-mêmes qui sont à l'initiative des premières réponses aux actes commis, par exemple par la prise de rendez-vous chez un « spécialiste » comme un psychologue ou un psychanalyste. Dans ce cas, la justice se voit pour une partie satisfaite, ce qui l'encourage à prendre des mesures peu coercitives à l'encontre du mineur incestueux, puisque la famille, par sa réaction immédiate, aura posé le postulat d'une éventuelle pathologie préexistante au crime. De ce fait, plutôt que de se voir placé en détention provisoire, le mineur bénéficie souvent d'une mesure de placement en foyer, ou même uniquement d'un placement sous contrôle judiciaire.

Face à un tel constat, il est loisible de se demander si, à un niveau institutionnel, la justice ne reproduit pas l'idée selon laquelle ce type de fait délinquant doit rester caché, dans une sorte d'entremise, lorsqu'il est amené devant les autorités. En ce sens, il faut se poser la question de savoir si la justice fait ici œuvre de complaisance ou bien si ce traitement judiciaire est l'illustration d'un inconfort à comprendre et à traiter ce problème parce que démunie devant ce dernier. Pour apporter des éléments de réponse, il est tout à fait riche d'enseignements de prendre le temps de se plonger dans la littérature criminologique du 19e siècle. Nombreux sont les auteurs ayant réfléchis et écrits sur le sujet, dont Ambroise TARDIEU [1] sur la question de la responsabilité des auteurs d'infractions à caractère sexuel [2, 3].

Historiquement, la question de la responsabilité pénale des auteurs d'infractions à caractère sexuel pose le débat. C'est comme si l'analyse de ces crimes oscillait entre deux pôles étiologiques : soit celui des circonstances extérieures à l'individu qui viendraient atténuer le libre arbitre de l'agent pénal au moment du passage à l'acte, soit celui de la recherche d'une nomenclature de pathologies qui viendraient également elles aussi atténuer la question de la responsabilité pénale. Au fond, au-delà de ces deux situations, il existerait une catégorie de personnes responsables pleinement et pénalement, en « creux », c'est-à-dire en l'absence de repérage des deux premières causes d'atténuation de responsabilité citées.

C'est certainement dans cette optique que la justice semble beaucoup plus à même de prendre en compte le « sens » que l'éducateur donne à ce type de passage à l'acte dans la réponse judiciaire qu'elle y apporte. Je me rappelle souvent avoir dû prendre en charge des mineurs agresseurs sexuels qui, pour l'une ou l'autre de ces raisons, étaient placés soit à domicile sous contrôle judiciaire, soit en foyer. À la réflexion d'ailleurs, je ne

---

1. Ambroise TARDIEU, *Etude médico-légale sur les attentats aux mœurs*, Ed. Bailleres, Paris, 1858, 174 p.

2. Paul MOREAU DE TOURS, *Des aberrations du sens génésique*, Ed, Asselin, Paris, 304 p.

3. J. GRASSET, *La responsabilité des criminels*, Ed. Nouvelles, Paris, 270 p.

me rappelle pas avoir eu à m'occuper d'un mineur placé en détention provisoire pour de tels faits.

C'est une petite ville de campagne. Je travaille alors au service éducatif de milieu ouvert. En l'espace d'une semaine, je dois m'occuper de deux situations similaires. Il s'agit, dans les deux cas, de deux mineurs du même âge ayant commis approximativement les mêmes faits de viols sur mineur.

Dans la première situation, le garçon est le fils d'un médecin, dans le second cas, il s'agit d'un jeune homme issu de l'immigration et qui vit dans un quartier prioritaire de la politique de la ville. Il ne s'agit pas ici de rapporter une anecdote caricaturale. Je souhaite juste et de manière objective rendre compte des faits que j'observe à cette époque.

Dans le premier cas, je surprends une discussion discrète dans le couloir du palais de justice entre le procureur de la République et le père, médecin, du premier mis en cause. Le fils du médecin échappe alors à la détention provisoire et se voit placé en lieu de vie. À l'inverse, le second garçon sera finalement incarcéré. Il ne s'agit ni de faire polémique, ni d'entrer dans les subtilités des études criminologiques nombreuses qui ont été réalisées sur la question du traitement du délinquant tout au long de la chaîne pénale. Cette question est laissée à l'appréciation de chacun. Je ne ferai pas non plus de commentaires plus avant sur le fils de ce directeur des douanes, placé au foyer pour avoir abusé sexuellement de sa sœur. Je laisse le lecteur, sur ces sujets, s'il le souhaite, aller plus avant dans l'analyse des différents courants criminologiques qui émaillent l'histoire du droit pénal.

Si je reviens à mes développements précédents, il n'en demeure pas moins que certaines situations interrogent. C'est ce père, condamné pour agressions sexuelles sur ces filles et qui pourtant vit à domicile avec celles-ci. Comment expliquer cette situation ? Je n'ai toujours pas véritablement de réponse à cette question. C'est encore ce père qui, alcoolisé, abuse de sa grande fille et qui demeure toujours chez lui en présence de la victime. Toutes ces situations peuvent raisonnablement désarçonner l'observateur. Et bien souvent, c'est la victime qui est comme

« délocalisée » pour éviter la poursuite de la cohabitation avec son agresseur.

E… est un garçon âgé de 17 ans. Il appartient à une famille relativement aisée. Le père de famille travaille dans la chimie, la maman est professeur dans un collège. E… est l'enfant du papa issu d'une première union. Après la séparation du couple parental, le papa rencontre sa nouvelle compagne avec laquelle il a une fille âgée de 8 ans au moment des faits, donc la demi-sœur de E…

C'est sur cette dernière que E… commet un après-midi des attouchements sexuels. Face à cet acte et aux questions des parents et de la justice, le travail de l'éducateur consiste avec le mineur et sa famille à tenter, si cela est possible, de donner un sens à cet acte. Et pour cela l'éducateur doit prendre en compte l'ensemble de la dynamique familiale, les enjeux entre ses membres, pour tenter de comprendre comment s'inscrit cet acte incompréhensible aux premiers abords.

La justice, par la voix du parquet, répond par le maintien du mineur dans sa famille en le plaçant sous contrôle judiciaire. Elle qualifie les actes d'agression sexuelle alors qu'il y existe manifestement un fait de pénétration sexuelle de la petite fille par son demi-frère (au regard de l'expertise médico-légale). Les déclarations mêmes de E… à ce sujet sont sans équivoque et son corroborées par les dires de la victime. Sans doute faut-il considérer que le parquet est clément puisque la victime est placée d'office chez sa grand-mère dans l'attente du jugement. Alors que le grand frère, qui demeure chez ses parents, est pris en charge immédiatement par une psychologue selon le souhait de ces derniers.

E… est d'un très bon niveau scolaire, il est même qualifié par ses parents d'« enfant précoce », chose qui leur avait été dite lorsque leur fils était en classe de primaire.

Mais comment expliquer un tel acte ? La commission des faits choque les parents, personne ne le comprend (et d'ailleurs son auteur lui-même encore moins). D'autant plus qu'il est le fait d'un jeune sans problème, intelligent, inséré socialement et issu d'une famille qui ne connaît pas de difficultés et qui n'a jamais eu affaire à la justice.

Je tente de trouver un sens à ce passage à l'acte impulsif, qui s'inscrit dans un long processus de pressions psychologiques sur E… par le fait de ses parents, quant à une obligation de réussite tant scolaire que sportive. Il faut pour cela faire appel aux travaux québécois en la matière qui, dans certaines situations à l'adolescence, interprètent le passage à l'acte sexuel intra-familial comme une forme de déversement émotionnel sur le mode « agressivo-sexuel » [1] d'une situation de stress permanente. Cette approche doit être est associée à la dimension de recomposition familiale où se joue une forme de rivalité (relevant d'un sentiment de jalousie) sous-jacente du grand frère envers sa petite sœur.

Cette analyse a sans doute permis d'éclairer un peu sur le sens du passage à l'acte, et notamment par référence à la place des uns et des autres dans l'histoire familiale. Elle a aussi permis d'établir que ces faits ne sont pas à mettre sur le compte d'une quelconque pathologie. Cependant, le traitement de cette situation par la justice, et la décision de cette dernière ne cesse d'interroger, lorsqu'elle condamne l'auteur de l'agression sexuelle à une simple « admonestation [2] » et à « l'euro symbolique ».

S'agit-il pour la justice, de faire taire l'acte et ses assourdissants questionnements sur la cause, et sur le sens de l'acte ? S'agit-il de ménager la victime, l'auteur, ou la personne qui est à la fois le père de la victime et de l'auteur des faits ? Quoiqu'il en soit, la réponse judiciaire à l'issue de l'audience me laisse un désagréable sentiment d'un : *« qui ne dit mot consent »*.

J'ai pris en charge des auteurs d'agressions sexuelles mais également des victimes de ces mêmes faits, car les actes de délinquance commis par les mineurs sont dans la plupart des cas en réalité les révélateurs de traumatismes vécus dans l'enfance.

1. J. AUBUT, *Les agresseurs sexuels : théorie, évaluation et traitement*, Ed. La Chenelière, Montréal, 1993.

2. Avertissement judiciaire.

Et c'est cette compréhension des actes qui fondent en premier lieu l'intervention d'abord éducative auprès de ces mineurs.

Ana commet de nombreux vols, elle est placée dans un foyer pour jeunes filles. J'exerce son suivi éducatif depuis plusieurs mois, mais rien n'y fait. Les vols sont sans cesse réitérés. La prise en charge éducative est une action qui s'étale dans le temps. Il faut en effet du temps pour entrer en relation et pour établir une forme de confiance qui laisse alors l'opportunité aux mots de s'épancher. Lorsque les révélations se font jour, c'est à ce moment précis que l'on mesure combien les mots de ces jeunes, une fois prononcés, brisent le mal-être qui gît là, en eux, au bord du vide. Un vide qu'ils remplissent d'actes délinquants pour ne plus avoir à penser à ce qui les fait tant souffrir. C'est souvent à l'occasion d'une démarche anodine comme, par exemple, un accompagnement en voiture que les paroles se délient. Assis, le jeune est comme contraint à se stopper, et laisser aller sa pensée, et si la relation et suffisamment établie alors il est possible, ce jour-là, d'être à l'orée d'une certaine forme de réussite éducative.

À bord du véhicule, Ana me parle de choses et d'autres, puis en arrive à la confession : son oncle l'a violée lorsqu'elle avait 13 ans. À cet instant précis l'éducateur ne doit pas défaillir. La révélation faite, il faut désormais accompagner la jeune fille et aussi parfois la convaincre du dépôt de plainte, la rassurer et l'encourager à avoir confiance en la justice, comme elle a eu confiance en la personne de son éducateur de justice dans le « secret d'un aveu[1] ».

Le rendez-vous est pris à la gendarmerie, j'ai auparavant prévenu les services d'enquête que c'est moi qui accompagne la plaignante. À la sortie des locaux du commissariat, nous remontons dans la voiture. Je tente de la rassurer encore pour l'avenir mais je sens que son mutisme doit d'être respecté. Une fois de retour au foyer, Ana se retourne, elle arbore un sourire, et me remercie. Je pense que ce jour-là un tournant est venu briser la route droite et destructrice qu'elle avait jusque-là empruntée.

---

1. J.M LABADIE, *Le secret d'un aveu*, Nouvelle revue de psychanalyse, n°14, 1976.

Il existe aussi des jeunes qui mettent mal à l'aise. Auteur d'infractions sexuelles, il teste la personne en face d'elle et bien sûr l'éducateur. C'est ce jeune qui s'approche et met des mains aux fesses des éducateurs hommes, c'est un autre qui décrit à l'envi avec les détails les plus crus son passage à l'acte afin de provoquer, dégoûter ou déranger son interlocuteur. Enfin, c'est celui qui, d'une froideur extrême, semble avoir perdu toute forme d'humanité tant il est sujet à un traitement psychiatrique lourd qui vise à une forme de « castration chimique » et qui, comme cela a déjà été dit, met en grandes difficultés la prise en charge éducative.

Et puis il y a ceux qui par leur précocité dans ce type de délinquance ne peuvent que créer de l'inquiétude. Mais là encore, le système pénal français ne peut se mettre en marche que lorsqu'une infraction est commise. Il faut donc avertir les magistrats, les sensibiliser au risque de récidive, tenter une prise en charge préventive avec toutes les difficultés qui ont été décrites jusqu'ici en terme partenarial.

Que faire lorsque je reçois ce matin-là une information inquiétante sur mon bureau, alors que je viens de prendre mes fonctions d'inspecteur chargé de la protection de l'enfance à l'aide sociale à l'enfance. L'ensemble de ces informations qui émanent de l'école, des voisins, du parquet, de l'hôpital, des assistantes sociales, est envoyé à une cellule dite de recueil d'informations préoccupantes (CRIP). Cette cellule centralise et opère l'orientation de ces informations vers les services de traitement compétent.

À la lecture du document, c'est un jeune collégien qui interpelle l'institution scolaire par ses comportements de nombreuses fois répétés et systématiquement à connotation sexuelle sur un de ses camarades de classe. Le signalement vers la CRIP est finalement déclenché par l'établissement scolaire lorsque l'adolescent envoie à sa victime, un courrier de menaces d'agressions, qui se termine par ces mots : *« je m'appelle VOLDEMORT, et je te viole jusqu' à la mort ! »*

12

Cette petite idée qui trotte dans la tête

Alain est un jeune homme sympathique. Je le rencontre pour la première fois au foyer où il est placé par le juge des enfants, dans le cadre d'un sursis avec mise à l'épreuve [1].

À l'âge de deux ans, il est confié à une pouponnière car les conditions de vie de la famille engendrent une mise en danger des enfants. Il est ensuite accueilli chez une assistante maternelle jusqu'à l'âge de 14 ans. Cet âge coïncide avec une autre « rupture ». Alain est accusé d'agression sexuelle sur une jeune fille, plus jeune que lui, qui réside également chez sa nourrice. C'est à l'aune de ces faits que le jeune garçon est condamné à six mois d'emprisonnement, dont quatre mois assortis d'un sursis avec mise à l'épreuve pendant un délai de deux ans. À sa sortie de maison d'Arrêt, Alain ne connaît que des échecs dans les différents lieux où il est hébergé. Il s'inscrit dès lors dans une sorte de fuite en avant.

Pourquoi a-t-il agressé cette petite fille ? La recherche d'une réponse se heurte au silence et à l'incompréhension même de son auteur. L'acte est immotivé, en apparence, et il faut faire avec.

1. Le sursis avec mise à l'épreuve est une peine. Le condamné est soumis pendant un délai à une mise à l'épreuve consistant en certaines obligations et interdictions.

La seule explication donnée par Alain au moment des faits est celle d'avouer qu'il est jaloux de l'attention donnée par sa nourrice, sa « maman » comme il se plaît à l'appeler, à cette petite fille. Celle qui en quelque sorte venait lui « voler la vedette ». Mais si cet état de fait peut s'entendre comme un motif de jalousie, pourquoi commettre sa « vengeance » sur un mode sexuel ?

Bien sûr et comme presque systématiquement en matière d'infraction à caractère sexuel, des expertises psychiatriques sont ordonnées par le juge mais elles n'éclairent pas plus les faits quant à leur origine. Ainsi, depuis cet événement, Alain grandit d'institution en institution, en épuisant son délai d'épreuve judiciaire. Sa situation ne s'améliore pas, fugues, cannabis, alcool, vols, incendies volontaires jalonnent sa vie et font bientôt son quotidien. Et puis, à 17 ans, survient un nouvel incident, inquiétant et grave. Une nouvelle rupture. Sur un nouveau lieu de placement judiciaire, Alain avoue avoir tué une poule afin de la sodomiser. L'acte rebute ou, de manière défensive, fait rire les professionnels.

Juste après ces révélations, je lui rends visite alors qu'il sombre dans une dépression qui le conduit à être hospitalisé dans un asile psychiatrique. Il veut comprendre, il demande de l'aide : est-il fou ? Ou bien est-il un monstre pour avoir pu commettre un tel acte ? Personne alors ne sait répondre à ses interrogations. Pourtant, Alain donne des pistes de réflexion.

Juste après les faits, il se confie à un éducateur du centre où il est placé. Il acquiesce alors à l'idée que cet acte est peut-être finalement une demande d'aide. Et consent à dire qu'il a « des pulsions » : *« Je ne sais pas ce qui se passe à ces moments-là ... c'est des pulsions que je ne peux pas maîtriser »* et il ajoute : *« ...comme avec la fille... »*.

À demi-mot, Alain avoue que ce n'était pas une poule qu'il « violait » mais qu'il revoyait à ce moment précis la petite fille de sa famille d'accueil, celle pour le viol de laquelle il avait été condamné plusieurs années auparavant. Il évoque alors sans ambiguïté l'idée que s'il avait été alcoolisé au moment où ses pulsions étaient « arrivées », il n'aurait peut-être pas su se contrôler à la vue d'un enfant de passage.

La parole déliée, les mots au bord du précipice, sans doute pour la première et la dernière fois, il explique qu'il a peur de « prendre une mauvaise voie », que tous ses problèmes lui reviennent en tête, son passé, la disparition de son père, l'agression sexuelle de la petite fille. Il dit avoir peur de ne pas s'en sortir, il a du mal à dormir. Avec terreur, il évoque le fait d'avoir entendu des voix pendant une semaine après le passage à l'acte sur l'animal. C'est le seul moment au cours duquel Alain parle un peu de lui, de ses sentiments et de sa peur de recommencer. Une angoisse gît, là, au fond de lui, qu'il sait présente et qu'il sait désormais, comme définitivement, ne pas pouvoir maîtriser.

Mais, pour arriver à cette confidence, il a fallu du côté de l'éducateur, dépasser l'acte et tout son cortège de tabous brisés qu'il traîne, et surtout faire l'effort de se mettre « dans sa tête ». C'est en lui parlant de « cette idée qui trotte sans arrêt dans sa tête », celle d'agresser un enfant qu'il a été possible d'aller à sa rencontre et finalement l'espace d'un instant de parler d'égal à égal, d'émotions à émotions.

Au vu de ces constats, le juge en charge du dossier est averti des craintes des éducateurs quant à une éventuelle récidive. Le corps médical quant à lui considère qu'il ne faut pas s'inquiéter et que « tout va rentrer dans l'ordre ». Il ne s'agirait au fond que d'un acte de cruauté envers un animal qui illustre chez le patient moins un trouble sévère de la personnalité, qu'une disharmonie entre son développement physique et son état mental.

Pourtant, face à ce constat, et du fait de la relation éducative que j'entretiens avec le jeune homme, je décide de l'orienter vers une structure psychiatrique d'observation dans le sud de la France. Alain y reste un mois. Le diagnostic tombe, le garçon présente « une pathologie psychotique sous-jacente ». Depuis, si le suivi éducatif se poursuit, Alain se réfugie dans le silence, avec son secret désormais « partagé » avec l'éducateur : celui de sa capacité à récidiver.

Après son hospitalisation, le jeune homme est à nouveau placé jusqu'à ses 18 ans. Mais bien vite, il commet d'autres délits. Finalement, et avec mon aide, il trouve refuge à sa majorité dans un foyer pour sans domicile fixe. Puis il « tombe » à nouveau pour vols. Une nouvelle fois incarcéré, Alain est désormais livré à lui-même, lorsqu'il sort de prison. Alain est un garçon sympathique, c'est vrai, pour tous ceux qui le rencontrent la première fois. Sans connaître son histoire et sa « petite idée qui lui trotte dans la tête ».

Si cette situation est évoquée ici ; c'est qu'elle est symptomatique du fait qu'en matière criminelle et surtout dans le domaine de la criminalité sexuelle, nos modèles de compréhension semblent inadéquats pour comprendre, ou du moins pour se mettre à la portée du criminel. Pour approcher le crime, il faut en effet faire corps avec le criminel, réduire au minimum une forme de socialisation, afin de toucher un élémentaire : celui de la transgression pulsionnelle. Sans cet effort, le risque consiste à faire coexister deux réalités qui se croisent ou se juxtaposent sans se rencontrer : celle d'Alain, qui « voit » dans la poule une petite fille de 11 ans qu'il tue et qu'il sodomise ; et celle des professionnels qui, heurtés, choqués, ne voient que l'animal blessé et torturé.

Cette attention particulière permet de prendre la mesure du risque de dangerosité inhérent à ce type de personnalité. Si cet angle de compréhension est choisi, on réalise combien nos modèles d'observations n'approchent que de loin la réalité émotionnelle du crime. Comme si au fond, et justement, l'inadaptation de ces modèles venait nous protéger des émotions que génèrent de tels actes. L'éducateur ne peut faire l'économie de sa personne. Il est dans la relation. Et de ce fait, il doit se poser la question de la façon d'entrer en communication avec une personne qui, dans son for intérieur, vit avec un fantasme ou une fantaisie [1] sexuelle de meurtres d'enfants. Il convient de

---

1. *« Rêves diurnes, constructions imaginaires élaborées à l'état de veille sur une réalité perceptive et sensitive. Le terme fantaisie désigne, dans cette acception, à la fois une activité créatrice et des productions ».* V. J.L BALANT,

s'interroger sur le silence dans cette relation et de se demander ce que ce dernier peut signifier du crime. Est-ce un silence annonciateur de récidive ? Et comment faire pour l'éducateur avec ce type d'acte et de personnalité ? Le professionnel doit-il « oublier » l'acte ? Le rôle éducatif doit-il se contenter de faire prendre conscience à Alain qu'il doit éviter de se mettre en situation d'être agresseur ? Face à cet inconfort, on se raccroche au passé du jeune homme, pour essayer… Peut-être pour avoir l'illusion de récolter quelques tout petits éléments d'éclairage qui feront sens et qui pourront inciter à orienter la prise en charge en vue d'éviter la récidive.

La fratrie d'Alain se compose de cinq enfants, trois filles et deux garçons. La plus grande est confiée à l'âge de trois ans à l'aide sociale à l'enfance suite à de mauvais traitements de la part de ses parents [1]. Ces derniers sont déchus de leur autorité parentale. Le second enfant est lui aussi retiré du milieu familial à l'âge de cinq ans pour les mêmes raisons. La troisième enfant est victime d'attouchements sexuels de la part de son père vers l'âge de cinq ans, elle est placée en institution. Le père est jugé et condamné. Il est incarcéré pendant un an. À l'issue de cet emprisonnement, le couple parental divorce. Le père est perçu par les services sociaux comme ayant des « attitudes inadaptées et perverses à l'égard de ses enfants ». Un droit de visite médiatisée est donc mis en place.

Alain quant à lui et comme évoqué précédemment, est placé dans une famille d'accueil à l'âge de deux ans après un passage en pouponnière. Il appelle sa nourrice « maman » et a du mal à supporter que cette dernière s'occupe de ceux qui sont arrivés après lui dans « Sa » famille d'accueil. Les rapports éducatifs notent, à l'époque, que l'enfant craint un nouvel abandon et se

---

in L. VILLERBU, *Dangerosité et vulnérabilité en psycho criminologie,* Ed. L'Harmattan, coll. Sciences criminelles, 2003, 302 p.

1. Le service de l'aide sociale à l'enfance (A.S.E) est un service du département, placé sous l'autorité du président du Conseil général et dont la mission essentielle est de venir en aide aux enfants et à leur famille par des actions de prévention individuelle ou collective, de protection et de lutte contre la maltraitance.

trouve de ce fait dans une quête affective intense. Dès l'âge de quatorze ans, le garçon désinvestit l'école. Quelques délits apparaissent, incendie volontaire à l'âge de huit ans, vols. Et déjà on se heurte au silence du garçon. Un rapport social indique : *« Le sens des passages à l'acte est obscur, Alain n'explique rien, il élabore peu sur les actes posés »*. Il bénéficie déjà d'un soutien psychologique, mais ce dernier est rapidement stoppé d'un commun accord entre le jeune et le thérapeute. Pour sa part, Alain, comme sa plus proche sœur, se plaint du manque d'attention de sa mère : pas de cadeau à Noël, pas de marque d'affection [1], notamment pour les anniversaires.

La maman, quant à elle, semble avoir voulu faire table rase de son passé d'avec le père de ses enfants. Elle a refait sa vie et ne veut plus entendre parler des enfants du premier lit comme si elle souhaitait annuler de sa vie les traces de la violence, de l'alcool, de la prison, et des attouchements sexuels du père sur leur fille. Dans ce contexte, Alain investit la famille d'accueil et notamment le mari de son assistante maternelle. Puis c'est une nouvelle rupture affective, ce père « adoptif » meurt dans un accident de travail. Alain a quatorze ans.

Approximativement à la même période, il désinvestit totalement l'école, commet des délits et une série d'attouchements et d'agressions sexuelles sur une fille plus jeune que lui placée dans sa famille d'accueil (âgée d'une dizaine d'années). Au moment de sa garde à vue, le garçon n'exprime aucune empathie pour la victime, il avoue qu'il ne savait pas que cela était interdit. Il ne comprend pas la gravité des faits qui lui

---

1. E. De GREEFF constate qu'il n'y a pas ou plus d'amour chez le criminel : *« le désengagement affectif, c'est l'abolition de l'ensemble des rattachements sympathiques à l'univers. L'individu n'éprouve plus, même à l'égard de sa propre personne, qu'indifférence : dans ce climat glacé, les réactions agressives se développent sans rencontrer ni résistance, ni révolte, ni souffrance, et le geste du meurtre peut être souvent suivi de celui du suicide, soit dans un paroxysme de violence déchaînée, soit sans que le criminel ait même paru perdre un moment ce que l'on appelle volontiers son sang-froid »* ; V. J. FAVIEZ-BOUTONNIER, Engagement et désengagement affectif du délinquant, in *L'homme criminel. Etudes d'aujourd'hui autour de l'œuvre du Dr E. De GREEFF*, Ed. Nauwelaerts, 1956, 253 p., p. 57 et s.

sont reprochés et craint surtout d'avoir fait de la peine à sa nourrice.

Dès lors, le jeune homme vit au rythme de « cassures » liées à des prises en charge institutionnelles qui s'épuisent sans jamais véritablement prendre la mesure des troubles du garçon. Il est âgé de quatorze ans quand il intègre en urgence pour un mois et à la suite de sa garde à vue et de son déferrement son premier foyer. Le psychologue de cette institution note dans son rapport le fait que Alain a *« des difficultés à maîtriser ses pulsions tant sexuelles qu'agressives ».* Un mois après, il intègre un autre foyer. Il est scolarisé au collège en classe de 4e, mais il multiplie les fugues et les alcoolisations.

Puis un nouvel incident provoque prématurément la fin du placement. Alain est suspecté d'avoir fait une fellation à un garçon de sa chambre. Il est âgé de quinze ans. Il est à nouveau placé en urgence au sein d'un nouveau foyer pour un mois, à la suite duquel il est orienté dans un autre établissement jusqu'à ses 16 ans. Durant ces placements, le garçon continue à fuguer, il a du mal à respecter les règles du foyer. Il finit par être déscolarisé. Il a cependant réussi à effectuer un stage en menuiserie où il a donné entière satisfaction et dans lequel il a montré ses capacités à s'adapter au monde du travail. L'équipe éducative note alors qu'il est souhaitable de l'orienter vers un lieu plus protégé, axé sur le travail manuel, et cela au vu aussi de la disposition du jeune homme à investir certains adultes. Une relation plus personnelle lui permettrait de prendre plus facilement conscience de sa situation et peut-être d'amorcer un début de réflexion.

C'est dans ce contexte que je reprends le suivi éducatif d'Alain. D'emblée, je m'aperçois qu'à aucun moment la question de l'agression sexuelle, à l'origine de tout son parcours judiciaire, n'a été évoquée avec lui. Fort des dernières préconisations éducatives, je décide de l'orienter vers un lieu de vie plus personnalisé en demandant une expertise psychiatrique au juge. Le jeune homme va avoir dix-sept ans. Je tente parallèlement un retour en famille notamment pour les fêtes de Noël. Quelques mois après, c'est une nouvelle cassure avec l'épisode de l'agression sur la poule qui lui vaudra son premier passage en hôpital psychiatrique.

Le suivi éducatif au pénal devait se terminer peu de temps après sa majorité mais depuis ses dix-huit ans Alain ne cesse de faire des allers-retours en prison. Ces incarcérations laissent entrevoir son anxiété. Celle de se retrouver seul [1], face à la peur de « tout lâcher » et de récidiver sur un enfant. Est-ce pour lui une façon de trouver une sécurité, un barrage à une angoisse de réitération ? Là où finalement les institutions n'ont pas su répondre à son appel à l'aide, et l'ont définitivement laissé vivre seul avec « cette petite idée qui lui trotte dans la tête ».

1. Le temps de l'incarcération suspend d'autant le temps du sursis avec mise à l'épreuve.

13

De l'aide sociale à l'enfance
À l'obstacle social à l'enfance

Je prends mes fonctions d'inspecteur chargé de la protection de l'enfance en 2013. C'est une nouvelle fonction que je ne connais pas et une institution également à laquelle je dois rapidement m'adapter. Je quitte le domaine particulier de l'adolescence pour m'occuper d'enfants plus jeunes, voire en très bas âge. La charge est lourde et la responsabilité encore plus. Je suis responsable d'environ 300 enfants de tout âge. J'ai pour m'aider dans cette tâche ardue pas moins de trois secrétaires assimilables à des greffiers. Ce sont eux qui ont la mémoire des dossiers. Ce sont eux qui me guident et m'aident dans la prise de décisions.

Je dois d'abord dire que la culture de la PJJ et celle de l'ASE (aide sociale à l'enfance) ne s'accordent pas d'emblée. Je dois faire en sorte de me fondre dans cette nouvelle approche administrative de la protection des mineurs. Cette institution est gérée par les conseils départementaux et je suis tenu d'assimiler plus de cent notes de service qui guident mon action. Il existe des notes sur les questions financières et budgétaires, des notes sur des sujets particuliers comme celui des mineurs étrangers non accompagnés, des procédures nombreuses à suivre. Mon rôle consiste aussi à garantir la qualité de la prise en charge. Je m'astreins à tisser des liens avec les établissements de prise en charge, les services de milieux ouverts, les services de placement familial, à participer à des commissions de suivis de mineurs, à être en lien avec les magistrats de l'ordre judiciaire, du siège, comme du parquet. Je suis encore tuteur d'un certain nombre d'enfants orphelins ou nés sous X, ou laissés à la charge de l'ASE par leurs parents à la naissance. Je signe ainsi beaucoup d'autorisations ou de refus qui concernent la vie des enfants et de leurs parents. De manière générale, l'aide sociale à l'enfance mène sa mission à partir du grand principe de l'intérêt de l'enfant et établit donc un « projet pour l'enfant » qui guide son action.

C'est un soir d'hiver. Je rentre chez moi en voiture. Je m'arrête sur un parking et je réfléchis. Je viens d'être non reconduit dans mes fonctions par la direction de l'enfance et de la famille du conseil général. L'aide sociale à l'enfance est un monde à part, je n'avais certainement pas su m'adapter tant j'avais pu apporter un certain nombre de critiques ou faire valoir beaucoup d'incompréhensions sur le fonctionnement de cette institution. Reçu tard le soir au siège du conseil général, en catimini, la directrice du pôle enfance famille du conseil général vient de relever l'ensemble de mes critiques émises et m'engage alors à reprendre mes fonctions initiales à la P.J.J. Je lui rends ma carte professionnelle et la clé du service. Avec le sentiment d'être comme dénudé, fragilisé, avec toutes mes interrogations sur l'après de cet événement et sur ses implications sur mes responsabilités de père de famille. Je me regarde dans le miroir de l'habitacle du véhicule et me dis, malgré tout, que je ne me suis pas moi-même trahi.

Les trois enfants chantent à l'arrière du véhicule administratif, ils sont frères et sœurs, ils ont entre 6 et 11 ans. Le juge vient de les placer à l'aide sociale à l'enfance afin de les soustraire à la violence familiale vécue quotidiennement. Je m'attends à ce que le trajet du tribunal au foyer de l'enfance soit difficile émotionnellement. Leur chant, à la fois synonyme d'une libération et d'un soutien fraternel dans cette épreuve, me laisse pensif. Qu'ont-ils bien pu vivre de souffrances pour affronter, en chantant, cette nouvelle épreuve qui les conduit vers l'inconnu ?

Ce soir-là, je rentre chez moi, malgré tout avec la satisfaction du devoir accompli.

Mais tout n'est pas toujours aussi satisfaisant, et parfois ce métier laisse des traces indélébiles. Des événements m'ont certainement marqué définitivement. C'est cet enfant en bas âge qui joue avec son frère aîné près de la fenêtre ouverte du salon de l'appartement, pendant que la maman est occupée en cuisine. C'est la chute du bébé de plusieurs étages et la mort. Le couple est séparé, le père est lui-même dans de grandes difficultés de précarité. Il vit dans un foyer d'accueil d'urgence. Je le reçois à mon bureau de l'aide sociale à l'enfance. Il est bien sûr au fait du décès de son fils. Je dois lui annoncer le placement pour les frères de la petite victime. La maman n'est pas jugée apte à apporter un cadre suffisamment sécurisant pour ses enfants.

Le père montre son désaccord, il est en colère, il ne veut pas que ces enfants soient placés. Il déclare avec force qu'il ne part pas de mon bureau tant que je ne lui remets pas ses enfants. Épisode difficile, l'entretien dure longtemps, mais j'arrive finalement à lui faire entendre raison. Ses enfants seront placés ensemble, dans un lieu de vie familial. Plus tard, j'apprends que ce père de famille a confié à l'éducatrice qui prend en charge ses fils que ma décision était la bonne. Mais cela avant que l'un des enfants ne subisse des violences sexuelles de la part d'un autre garçon placé également sur le même lieu de vie. Il est parfois des situations pour lesquelles je me demande s'il n'existe pas comme une sorte de fatalité. Depuis cet épisode, je n'ouvre jamais plus les fenêtres de mon appartement lorsque des enfants sont présents chez moi.

Le rôle de l'inspecteur chargé de la protection de l'enfance est éminemment difficile. Il faut notamment décider de retirer les enfants du domicile parental et cela repose parfois sur des lettres anonymes du voisinage reçues au siège de l'aide sociale. Ces lettres font l'objet comme d'autres éléments de ce que l'on nomme une information préoccupante. Cette information peut émaner d'un travailleur social, du voisinage, de l'école, de l'hôpital ou de toutes autres sources. Il convient alors de vérifier et d'enquêter, sur la réalité du contenu de l'information. Et dans certains cas, il faut procéder au placement de l'enfant, le temps pendant une dizaine de jours de mandater un service éducatif afin de faire une enquête rapide sur la véracité des faits de maltraitance dénoncés.

La jeune femme est assise devant moi, avec son bébé dans les bras. De nombreux courriers du voisinage s'inquiètent des conditions de vie de l'enfant. Longtemps je réfléchis avant de la recevoir. Vais-je enclencher ou non le placement de son enfant ? C'est un exercice difficile à assumer, en toute conscience et surtout seul, de décider si oui ou non, je dois prendre le risque de laisser l'enfant dans ses conditions de vie chez sa mère alors que j'ai sur mon bureau des courriers anonymes alarmistes. Je me laisse le temps de l'entretien pour décider définitivement de mon choix. Un éducateur est présent avec moi dans le cas où ma décision se résout au placement administratif de l'enfant. Il faudra l'aide de l'éducateur pour, une fois encore, convaincre la jeune femme de laisser son fils à la pouponnière pendant 10 jours, le temps de faire une enquête de voisinage. Je suis cependant souvent étonné par le peu de résistance des parents comme si, abattus, ils avaient définitivement compris qu'ils sont le plus souvent victimes d'un système social qui les stigmatise. Et de se demander si finalement l'aide sociale ne se métamorphose pas en un obstacle pour ces familles déjà fragilisées. C'est ce qu'un auteur a pu décrire sous le vocable de « vulnérabilité sociétale [1] ». Passé le délai d'enquête administrative et l'institution rassurée, je confie à nouveau l'enfant à sa mère, et sans aucun doute en ayant provoqué un traumatisme de séparation chez l'enfant.

Le jeune couple s'assoit en face de moi et je l'écoute. La jeune mère prend la parole. Elle a décidé de confier son bébé à l'aide sociale à l'enfance. Le droit permet en effet à des parents d'« abandonner » en quelque sorte son enfant à l'institution. Je n'arrive pas à la convaincre du fait que ce n'est pas une bonne solution et, surtout, je n'arrive pas à comprendre pour quelles raisons elle entame cette démarche. Je sais aussi qu'une fois

---

1. L. WALGRAVE, *Délinquance systématisée des jeunes et vulnérabilité sociétale*, Ed., Médecine et hygiène, 1992, 154 p.

l'enfant placé, il est extrêmement difficile pour des parents de pouvoir « récupérer » leur enfant. Le recueil administratif en est la preuve.

C'est un dispositif qui permet de manière contractuelle à un parent transitoirement en difficulté de demander le placement de son enfant. Mais à chaque fois, j'ai vu et constaté l'extrême difficulté de ces mêmes parents à pouvoir retrouver leur enfant. Et c'est en cela que bien souvent l'aide sociale devient un obstacle aux parents afin de pouvoir « récupérer » leurs enfants. Il existe ainsi des situations de placement qui s'éternisent dans le temps et pour lesquelles, parfois, on en oublie même l'origine. C'est comme si ce qui avait été décidé un jour ne pouvait plus se défaire. Et je vois ainsi des parents en lutte pendant des années pour faire valoir leur droit sans jamais obtenir gain de cause. Malgré les interventions éducatives multiples, même plusieurs fois par semaine, et alors que les enfants sont placés hors du domicile, l'aide sociale persiste pendant des années à maintenir la rupture parents/enfants fondée sur l'existence « ad vitam aeternam » de l'existence d'un danger. Je ne maintiens pas que la raison de cet état de fait est uniquement financière, mais, il faut convenir que l'aide sociale gère les situations d'enfants souvent à travers le prisme budgétaire. Et je suis d'ailleurs amené régulièrement à « négocier » avec ma propre hiérarchie pour une prise en charge que je sais nécessaire mais très coûteuse. D'ailleurs, les établissements de placement qui se voient recevoir un prix de journée n'ont peut-être pas finalement intérêt à « vider » leurs structures d'accueil de leurs pensionnaires.

Il existe ainsi des listes d'attente pour la plupart des établissements. Listes d'attente auxquelles les mineurs étrangers isolés ont rarement accès. Je suis à ce moment-là particulièrement choqué par la politique du département qui consiste à faire revenir plusieurs fois ces jeunes au siège de la protection de l'enfance pour « tester » leur pugnacité à être placé et cela même en hiver. Je suis souvent en butte avec ma hiérarchie sur ce sujet. Et c'est d'ailleurs et certainement ce sujet de discorde qui me coûte mon poste. L'enquête qui doit être menée pour prendre en charge à l'aide sociale à l'enfance un mineur étranger qui se présente est drastique et elle repose la plupart du temps sur une forme d'a priori de méfiance. On suppose d'emblée que ledit mineur n'est en réalité qu'un majeur. Il faut alors procéder à un entretien sur le parcours de vie et parfois même faire pratiquer des tests osseux afin de déterminer au plus près l'âge de l'enfant, car bien évidemment ils ne possèdent pas la plupart du temps de papiers d'identité.

Je ne rencontre dans cette partie de mon travail que de manière extrêmement rare des majeurs qui voudraient se faire passer pour des mineurs. Je revois en particulier cet homme venu demander à être placé parce que soi-disant mineur, alors qu'il a un âge apparent d'au moins trente ans et porteur d'une épaisse barbe noire. Mais ces cas sont véritablement anecdotiques et seraient presque drôles, s'ils ne reflétaient pas une tragédie humaine.

Des tragédies, je les rencontre encore. C'est cette petite fille décédée alors qu'elle est placée en famille d'accueil. Poussée dans l'escalier par un autre enfant. C'est cet adolescent pris en charge par l'aide sociale à l'enfance et assassiné dans son studio. Je me déplace au domicile parental pour présenter mes condoléances à la famille. Là encore, je dois me placer en conflit avec ma hiérarchie pour que l'aide sociale participe aux frais d'enterrement.

L'inspecteur chargé de la protection de l'enfance doit théoriquement être garant des conditions de vie de tous les enfants qu'il a sous sa responsabilité. Une partie de son rôle consiste à attribuer ou non ce que l'on nomme des contrats d'aide "jeunes majeurs". L'enfant pris en charge, devenu majeur, risque en effet de se retrouver « à la rue » à ses 18 ans si une aide ne lui est pas apportée. Les critères d'obtention de cette aide sont devenus sévères, dans un souci d'économie financière. J'avais pris le parti de les accorder à tous les enfants placés de longue date et sans aucune ressource, arrivés à leurs 18 ans. Cette politique de l'économie touche aussi ces enfants lorsqu'ils leur arrivent de commettre un délit, car dès ce moment, l'aide sociale demande la levée de la prise en charge pour la faire basculer du côté de la prise en charge au pénal et ainsi la judiciariser.

Plus je m'enfonce dans cette matière et plus mon questionnement grandit sur la question de l'intérêt de l'enfant qui doit être prioritaire mais qui tend parfois à laisser la place à une gestion comptable de l'enfance sacrifiée. Sacrifiée dans son milieu naturel, elle est parfois sacrifiée par l'institution. À cela s'ajoute l'opacité qui règne sur la réalité de prises en charge, que ce soit en établissement de placement ou bien dans les unités d'accueil familial. J'apprends ainsi qu'un enfant a été déplacé d'une famille d'accueil vers une autre sans que j'en sois alerté, parce que la famille d'accueil initiale est maltraitante, et surtout pour ne pas que cela puisse se savoir. Je m'aperçois peu à peu que mes prises de position dérangent. Mes mails, mes alertes semblent poser des difficultés à ma hiérarchie. Mes mots ont fini par me placer au bord du vide en ce soir d'hiver lorsque je suis sommé de rendre ma carte professionnelle.

14

L'établissement pénitentiaire pour mineurs

Les bras croisés entre les barreaux, vêtu de mon vieux blouson de cuir noir, j'attends que les « parloirs familles » passent. Dans cette petite maison d'arrêt, les visiteurs sont ainsi encagés le temps du « mouvement ». Nos yeux se croisent. Un homme vient à ma rencontre, il est âgé, et me lance un « bon courage ! ». Sans aucun doute, pense-t-il que ma présence en ces lieux « s'origine » dans quelques délits commis. Tout au long de ma carrière, je parcours ainsi les maisons d'arrêt du Havre, de Rouen, de Niort, d'Évreux, de Nanterre, de Caen, de Fleury Mérogis, de Villepinte, le centre de détention de Rennes, de Lannemezan, de Sequedin, l'établissement pour mineurs de Porcheville, d'Orvault et d'autres encore dont les noms m'échappent mais dont les larges portes sont gravées dans ma mémoire.

La délinquance des mineurs est toujours en évolution. Elle est, de même que son traitement, étroitement liée à l'état de la société. Aujourd'hui, l'Administration Pénitentiaire et la Protection Judiciaire de la Jeunesse s'allient pour élaborer un nouvel outil de prise en charge des mineurs auteurs récidivistes d'infractions pénales : les établissements pénitentiaires pour mineurs (E.P.M).

L'administration pénitentiaire avait depuis longtemps la préoccupation d'améliorer la prise en charge des jeunes détenus.

Dans cette optique, il était apparu nécessaire de créer au sein des maisons d'arrêt des quartiers pour mineurs afin d'éviter la promiscuité avec les adultes.

Ce dispositif [1] est bâti sur la perspective d'un travail conjoint dans la prise en charge au quotidien d'un groupe de jeunes détenus sous l'égide d'un surveillant et d'un éducateur. Mais au-delà, la mise en place de ce projet conduit à s'interroger précisément sur le partenariat entre ces deux administrations du ministère de la Justice, et sur ce qu'il peut renvoyer aux uns et aux autres relativement à leur identité professionnelle.

On pressent d'ores et déjà que c'est la question de la formation des personnels encadrants qui est en jeu (celle des éducateurs amenés à travailler en E.P.M mais aussi celle des surveillants pénitentiaires). Plusieurs problématiques viennent aussitôt à l'esprit : que suscite professionnellement cette volonté de travailler ensemble ? Comment mettre en commun deux savoir-faire, deux histoires institutionnelles voire deux identités professionnelles sur un même objet, à savoir la prise en charge des mineurs délinquants. Et comment orienter, dans ces conditions, la formation pour assurer un réel travail partenarial ?

En premier lieu, et pour tenter de répondre à ces questions, il s'agit de mettre en lumière un constat : celui d'une prise en charge différentielle des mineurs délinquants entre l'administration pénitentiaire et la protection judiciaire de la jeunesse.

La prison est, en effet, une institution « pesante ». C'est par définition un milieu fait essentiellement d'interdits auxquels il est difficile de se soustraire. La gestion du détenu se fait surtout, et en fonction de son comportement, par l'octroi de droits (télévision, promenade, activités). C'est la différence essentielle avec un foyer d'action éducative de la protection judiciaire de la jeunesse, fondé, non pas prioritairement et exclusivement sur des interdits mais sur des notions d'autonomisation et de responsabilisation du mineur. Cette distinction aboutit

---

1. Loi d'Orientation et de Programmation pour la Justice du 9 septembre 2002 dite LOPJ.

certainement à des conceptions professionnelles différentes du « détenu » pour les uns ou du « jeune placé » pour les autres. Il s'agit donc bien d'avoir à l'esprit la volonté de faire coïncider deux représentations professionnelles distinctes de l'adolescent difficile. Car ces deux administrations n'ont pas nécessairement une vision identique du même jeune. Ainsi, un mineur peut être décrit comme difficile en détention et ne pas l'être au foyer ou inversement.

Au foyer, les règles existent bien sûr, elles font l'objet d'un règlement intérieur. Mais, sur certains points, leur respect peut reposer sur un espace de négociation ou de souplesse, c'est-à-dire sur une forme de contractualisation dans la relation éducative. La difficulté est donc inverse à celle qui se pose en prison. En cas de non-respect par le jeune d'un interdit ou de la parole donnée, il faut pour l'institution trouver à l'interne des moyens de réinjecter de la Loi par le biais de sanctions qui fassent sens pour le jeune.

À partir de ces constats, on mesure tout le pari que constitue cette volonté d'agir ensemble puisque les perceptions dans le travail ne sont pas toujours identiques. Ces discordances engendrent ou bien alimentent des représentations erronées sur les fonctions des uns et des autres. À cela s'ajoutent, en corollaire, les difficultés que chacun rencontre dans son quotidien professionnel : celles du surveillant (la routine carcérale, le manque de considération, les contraintes de la surveillance et de la sécurité) et celles de l'éducateur (gestion du groupe, relations avec les magistrats, les familles). Il s'agit donc de se demander, notamment au travers de mon expérience d'intervention à l'école nationale de l'administration pénitentiaire (ENAP), si le dispositif des EPM risque d'amplifier ou au contraire de diminuer ces incompréhensions.

J'interviens à compter de 2005 à l'E.N.A.P. (Ecole Nationale de l'Administration Pénitentiaire) à Agen, auprès des promotions de surveillants, soit dans le cadre de la formation continue d'adaptation au quartier mineur, soit au profit des promotions de surveillants amenés à travailler en E.P.M. L'expérience de travail en hébergement éducatif est à expliquer, à valoriser. Elle apporte à ces personnels à la fois une réassurance et permet un « passage de relais » pour un « savoir-faire éducatif ». Cette rencontre cautionne l'idée qu'il existe beaucoup de représentations sur le métier de surveillants, et notamment les miennes. En effet, dans les premiers temps, je pense que j'ai face à moi des personnels en butte à l'éducatif. Mais grande est ma surprise de voir à quel point ces derniers sont au contraire avides de découvrir le métier d'éducateur et surtout en attente de tirer des enseignements sur les pratiques exercées en foyer.

Ces personnels sont majoritairement inquiets quant à un mode de prise en charge qu'ils ne connaissent pas et susceptible de générer des situations professionnelles nouvelles pour eux. C'est par exemple l'idée de « vivre avec » ou de « faire avec » les détenus et même peut-être d'avoir à gérer un collectif de jeunes sur des actions de vie quotidienne. Mais, il existe aussi des préoccupations « toutes pénitentiaires », comme celle de la peur du suicide. Alors des questions émergent spontanément : comment l'éducateur fait-il devant le risque suicidaire ? Est-ce une situation courante dans sa pratique ? Peut-il en être tenu pour responsable ?

En cela, la possibilité d'expliquer mon métier à partir de l'expérience de terrain et notamment de l'hébergement permet de « casser » à son tour les représentations éventuelles du surveillant sur l'éducateur de justice. C'est l'occasion d'expliquer que ce dernier n'agit pas « pour excuser » le jeune, et qu'il est là pour lui rappeler la Loi, travailler sur la culpabilité, la place des victimes, et sur le rôle que chacun doit tenir en société.

La question essentielle posée par les surveillants est bien celle du « savoir-être » éducatif. Face à la difficulté pressentie à se situer par rapport à une fonction nouvelle au sein des E.P.M, ces personnels sont curieux de connaître le positionnement de l'éducateur devant un groupe d'adolescents. Cela me conduit à m'interroger sur la « dilution » éventuelle des rôles et des fonctions [1] de chacun. On peut en effet considérer

1. E. DE GREEFF, *L'homme criminel*, Ed. Nauwelaerts, Louvain, 1956, 256 p.

traditionnellement que la distance entre le surveillant et le détenu se maintient parce qu'elle est « parasitée » par des relations qui lui sont extérieures (avec l'avocat, l'éducateur, la famille). Le détenu se trouve comme « distrait » de ce face-à-face. Mais comment envisager cette relation, si le professionnel, qui jusque-là fait tiers dans cette relation (l'éducateur), est présent en permanence et constitue le binôme du surveillant ?

Ce problème se retrouve dans la question de la distance professionnelle entre les jeunes détenus et les surveillants. L'emploi du vouvoiement par les surveillants est de rigueur dans la culture carcérale alors que le tutoiement est généralement employé par les éducateurs et participe de la vie en hébergement. Il y a en fait toute une culture professionnelle commune à élaborer, avec la préoccupation sous-jacente de se demander comment les mineurs repèrent les rôles de chacun. La question posée par ce partenariat consiste à connaître la fonction que donne l'éducateur à la peine. En effet, dans la perspective historique de l'Education Surveillée devenue en 1990 la Protection Judiciaire de la Jeunesse, ce « retour » en prison pourrait a priori être vécu professionnellement comme une sorte de retour en arrière.

Un second constat peut encore mettre à mal les éducateurs : c'est celui lié à la constitution du groupe de jeunes pris en charge au sein des EPM. En effet, dans les hébergements de la protection judiciaire de la jeunesse, il existe des commissions d'admission. Celles-ci permettent à l'équipe éducative de composer sur dossier le groupe de jeunes amenés à vivre en collectivité, en fonction des délits et des problématiques de chacun. Or, en EPM, il n'y a pas a priori ce « choix » dans la constitution du groupe des détenus alors que dans le même temps la vie collective se veut proche par certains égards de celle qui existe en foyer (gestion en collectif des moments clés de la journée comme les repas).

La volonté d'un partenariat entre la protection judiciaire de la jeunesse et l'administration pénitentiaire influe donc nécessairement sur la question du positionnement professionnel et donc aussi sur celle de l'éthique et de la déontologie. Elle interroge nécessairement la question de la formation professionnelle des agents. La philosophie générale est clairement annoncée. Désormais, l'incarcération doit trouver un sens éducatif et favoriser la réinsertion. Il s'agit de lier la mission de garde avec celle d'éducation. La prison doit être un lieu où l'on transmet des valeurs sociales et éducatives. D'ailleurs, la qualité du recrutement chez les surveillants fait de ces derniers des personnels avides d'appréhender, globalement, le problème de la délinquance juvénile. En cela, l'administration pénitentiaire fait un pas vers l'éducatif et, plus généralement encore vers la sphère du travail social.

La formation initiale des éducateurs vise quant à elle à inscrire ce métier dans son cadre d'intervention judiciaire. Des stages très diversifiés sont ainsi mis en place, en maison d'arrêt, en établissement scolaire, en hôpital psychiatrique, ou dans des centres d'insertion. Une large culture générale est de même appréciée afin de favoriser l'esprit critique, et de confronter l'éducateur avec ses représentations. D'ailleurs, de nombreux champs disciplinaires sont abordés comme le droit, la philosophie, le droit pénal, la psychologie, la sociologie, ou l'anthropologie.

Mais cela ne suffit pas pour arriver à travailler ensemble. Et je pense, effectivement, que l'idéal consiste à élaborer une formation commune qui ferait « corps », dans une éthique professionnelle partagée, et qui fonderait une véritable identité professionnelle conjointe. L'objectif à atteindre est donc bien celui de construire une formation commune afin de renverser les représentations de chacun sur le métier de l'autre. Il est donc souhaitable de réaliser des espaces communs d'expériences. Il me semble qu'il y a urgence sur cette question, car c'est ce manque de communication avec les éducateurs et une représentation négative de ce métier qui, de plus en plus, se fait entendre de la part des surveillants.

Le projet des E.P.M est louable dans son objectif de mettre en commun des compétences professionnelles autour d'une même préoccupation : celle de prendre en charge des mineurs multirécidivistes, pour lesquels la prison est devenue à un moment donné de leur parcours, la réponse pénale incontournable. Ce principe doit être salué dans le sens où il s'inscrit dans un courant de défense sociale [1]. L'emprisonnement n'est plus perçu comme une fin en soi, mais il est l'occasion d'exercer en faveur du détenu une action qui vise à sa réinsertion.

Je repasse toutes ces réflexions, lorsque je longe le petit chemin goudronneux qui me conduit vers l'« unité arrivant » de l'EPM. J'entends tout le long de mon parcours les invectives de ces jeunes dont les fenêtres à barreaux des cellules donnent sur un terrain de foot grillagé. Leurs mots anonymes s'évadent des barreaux.

La réforme du code de justice pénale des mineurs entend le placement en détention de ces derniers de manière très restrictive. Ainsi, de nouvelles modalités d'exécution de peines sont désormais possibles. Il en est du placement sous bracelet électronique. Je vois désormais des mineurs placés au foyer sous surveillance électronique. Le but de cette démarche est certainement louable en soi, puisqu'il fait écho avec l'idée de protéger le mineur d'un milieu par essence criminogène. Cette dématérialisation de la prison avait été anticipée par le philosophe Michel FOUCAULT dans son célèbre ouvrage « Surveiller et punir » [2]. Je réalise en réalité combien les dispositifs prévus pour les majeurs sont inadaptés pour les mineurs. En effet, ce bracelet est vécu comme une sorte de torture au quotidien et finalement extrêmement compliquée à respecter pour ces jeunes qui, jusque-là, ont connu un rythme de vie décalé, sans horaires. Ainsi, peu à peu, et sur la durée, ce dispositif devient insupportable et nombre de ces jeunes expriment le fait qu'ils préfèrent finalement être incarcérés. Cet entre-deux semble leur être inaccessible dans la compréhension qu'ils en ont. Toujours sous écrou, et donc considérés comme détenu, ils sont pourtant dans le monde libre, ce qui peut être considéré comme une forme de contradiction difficile à élaborer psychologiquement. Au fond, cette modalité d'exécution de la

---

1. M. ANCEL, *La défense sociale*, Ed. P.U.F, coll. Que sais-je ? 1ère éd. 1985, 127 p.

2. M. FOUCAULT, *Surveiller et punir*, Ed., NRF, 1975, 328 p.

peine joue à plein l'aspect afflictif recherché par les fonctions de peine. Mais elle ne paraît pas atteindre le but recherché, celui d'éviter l'incarcération physique du jeune.

Je vois ainsi K… qui de jour en jour semble sombrer dans une forme de dépression. Il a de plus en plus de mal à respecter ses horaires d'entrées et de sorties du foyer, et peu à peu son discours et ses mots se font défaitistes, fatalistes, au bord du vide. Dans sa logique, il préfère désormais exécuter sa peine en prison. Cela lui paraît plus parlant, plus concret, tant l'aspect symbolique des choses lui échappe, comme il fait souvent défaut à l'appréhension de beaucoup de ces mineurs. Une solution intermédiaire consisterait pourtant à privilégier le placement extérieur en foyer qui est une modalité aussi d'exécution de peine, tout aussi contraignante mais au sein de laquelle l'absence d'un bracelet électronique permet d'éviter une forme de souffrance et de torture psychologique permanente.

Le juge nous installe dans son bureau. Les acteurs judiciaires sont présents : l'avocat, l'éducateur de milieu ouvert, les éducateurs de foyer, le procureur de la République. Seule la maman de K… manque à l'appel. L'audience revêt un enjeu fort. Il s'agit de décider si K… retourne immédiatement en détention du fait de ces nombreux retards. Le juge a une connaissance parfaite et pointue du dossier. Il possède l'ensemble des relevés des incidents au bracelet électronique. Il rappelle l'historique du dossier. Le fait que des chances ont déjà été données au jeune et qu'il a déjà effectué 10 jours de détention. K… a plusieurs mois de prison à effectuer si le juge met fin au placement sous bracelet électronique.

C'est à son tour de prendre la parole. Comme souvent, pour ces adolescents, les mots ont du mal à être audibles, l'expression est maladroite, les phrases ont un début et parfois s'épuisent dans leur échec à se terminer. Il essaie d'expliquer pourquoi il cumule autant de retard sur ses heures de retour au foyer. Il explique qu'il ne voit pas l'heure passée et qu'il est en famille ou avec des amis. Il regrette, et assure qu'il a compris. Le parquetier est très dur et demande la remise en prison immédiate du jeune homme. Le juge donne ensuite la parole aux éducateurs de milieu ouvert puis aux éducateurs de foyer et clôture les débats par la plaidoirie de l'avocat. C'est à ce moment précis que la mère de K… se présente devant le bureau du juge avec près de trois quarts d'heure de retard. Étrange coïncidence alors que nous sommes à l'œuvre pour tenter d'expliquer les difficultés de son fils à respecter un cadre horaire. La maman n'est pas entendue par le magistrat. Ce dernier s'octroie un temps de délibération et nous laisse patienter dans la salle d'attente.

K… semble tendu. 20 minutes plus tard, le juge nous fait à nouveau entrer dans son bureau. Il a entendu le discours des éducateurs. Il donne une ultime chance à K… mais avec une garantie. Une nouvelle audience de jugement est prévue dans 10 jours. C'est au jeune de se ressaisir et de démontrer d'ici là, la bonne foi qu'il vient d'afficher au cours des débats. Nous repartons du tribunal. Les éducateurs paraissent plus soulagés que le mineur lui-même. Nous le rappelons à l'ordre, réexpliquons la décision, puis nous rentrons au foyer.

Le lendemain de l'audience, K… rentre 1h30 après son heure autorisée au foyer en déclenchant à nouveau un incident à la surveillance électronique. Le juge avait été pourtant très transparent. À la nouvelle alarme, ce serait l'incarcération immédiate. Cette fois plus rien ne pouvait empêcher K… de retourner en détention pour plusieurs mois. Il a été finalement condamné à un an de détention.

De nombreuses études ont été réalisées [1] sur les effets de la détention sur les majeurs en général et sur les mineurs en particulier. Il n'est pas douteux de dire que l'incarcération recèle des effets nocifs tant sur la socialisation que sur la psychologie du prisonnier. En outre, la prison impacte en général également la famille du détenu. Il n'est pas rare de voir les centres de détention éloignés du lieu de résidence des détenus, ce qui amplifie la rupture et la dislocation des familles.

La prison laisse des traces. Je me rappelle ce jeune au foyer qui réagissait agressivement lorsque, éducateur, je venais ouvrir

---

1. S. BUFFARD, *Le froid pénitentiaire. L'impossible réforme des prisons*, Ed. Seuil, Paris, 1973.

et fermer les portes des chambres du foyer, une fois le couvre-feu arrivé. Le bruit des clés le renvoyait systématiquement à la détention. Une fois sortis de prison, et placés en foyer, les jeunes reproduisent certains comportements assimilés en détention comme, par exemple, se passer le « yoyo » de chambre en chambre par les fenêtres, ou se parler « à travers les murs ». Et j'ai pu observer combien il faut de temps à un jeune pour se réadapter à la vie en société et à la liberté. Pour certains malheureusement, cet appel d'air est difficilement gérable et peut malheureusement conduire à un retour en détention.

Je ne dis pas que la prison doit être nécessairement abolie, mais tout dépend en réalité de la fonction que l'on attribue à cette peine. Cherche-t-on à prévenir le crime ou sa réitération (prévention générale ou spéciale), la rétribution pure et simple, la restauration, la réparation ou encore ce que la criminologie belge et anglo-saxonne appelle l'« incapacitation », c'est-à-dire la neutralisation et l'exclusion de la société ? On ne peut dérouler une réflexion sur la prison qu'en considération du modèle de politique pénale qui est lui est attribué afin de faire de cette institution un outil au service de cette même politique.

Mon expérience me fait dire que l'incarcération pour les mineurs n'est pas, en tout état de cause, une solution qui contribue à la réinsertion, et un gage de non-réitération de l'acte. Il semble que la réforme du Code pénal de la justice des mineurs ait pris la mesure des effets dévastateurs pour un adolescent de l'enfermement et, de ce fait, rend plus compliqué le recours à la prison qu'il ne l'était sous l'égide de l'ordonnance de 1945. Des alternatives se veulent pensées, proposées, mais encore faut-il que ces dernières soient viables. Si l'on développe le travail d'intérêt général par exemple, il faut des lieux habilités pour les exercer, il faut du personnel sensibilisé à ce public et qui soit en capacité aussi de s'adapter à cette prise en charge. Il faut des agents de probation en plus grand nombre. En somme, il est nécessaire de mettre en œuvre de vrais moyens.

Depuis de nombreuses années le modèle pénitentiaire est passé d'une fonction purement rétributive à une fonction qui se veut de plus en plus axée vers la réinsertion. Ce qui explique, par exemple, l'entrée de la culture en prison ou le développement d'action en direction de l'extérieur. Mais il semble qu'en ce qui concerne les mineurs, le régime pénitentiaire soit pensé de manière plus coercitive que pour les majeurs. Nous nous dirigeons ainsi à terme vers un régime guidé par le modèle de la restauration pour les majeurs et en regard vers un régime plus rétributif pour les mineurs, fait de comparution immédiate et de peines plancher. C'est en tout cas ce que les médias mais aussi les politiques diffusent lorsqu'ils évoquent comme une découverte les « vertus » des courtes peines privatives de liberté.

Le débat n'est pas nouveau mais il semble émerger comme une idée novatrice en France. La question des courtes peines de prison était en effet déjà débattue à la fin du 19e siècle. Les Anglo-Saxons ont su développer ce concept autour de l'idée de réaliser un « choc carcéral » pour les mineurs, appelé le « short, sharp shock [1] ». En réalité, aucune étude n'a pu vraiment démontrer les vertus des courtes peines de prison. Tout au plus, nous savons qu'elles sont moins nocives que les longues peines, mais qu'elles ne sont pas plus efficaces que leurs alternatives comme l'amende ou le travail d'intérêt général. Il faut donc en conclure que si la politique pénale de demain en fait son cheval de bataille, c'est que cela sera à mettre en lien avec un modèle pénitentiaire uniquement basé sur la rétribution. Les visites de préadmission au foyer se réalisent dans cette maison d'arrêt au sein de la cellule du détenu. Ce jour-là, je viens « visiter » J..., accompagné de la psychologue du service afin de jauger de la possible intégration du jeune homme au sein de notre établissement. L'entretien se déroule plutôt bien. Le mineur est dans l'interaction, il échange sur sa vie, ses projets. Il est incarcéré depuis un an au titre de la détention provisoire pour tentative de meurtre. Les cellules sont froides, l'unique fenêtre est haute sur le mur, et grillagée. Cette maison d'arrêt comme beaucoup en France est ancienne et vétuste. Elle est un héritage du 19e siècle. Les murs sont peints en gris, et tout sur ces 9 m2 semble fait de désolation. Nous sommes sur le point de nous

---

1. S. SNACKEN, Les courtes peines de prison, in *Revue déviance et société*, Vol X, 1986.

quitter, plutôt confiants. Lorsque deux personnages peints sur le mur du fond de la cellule interpellent ma curiosité. Il s'agit là de deux clowns, l'un souriant et l'autre menaçant. Je questionne J…, nous nous asseyons à nouveau. J. nous explique que ces deux personnages sont ses compagnons de prison. Il échange beaucoup avec eux. Il a peur du clown « méchant » qui semble lui intimer l'ordre de faire des choses mauvaises. Peu à peu, nous comprenons que l'état psychologique de J... est fortement dégradé. Nous ne l'accepterons pas finalement au sein de notre foyer car nous estimons alors qu'il doit avant tout bénéficier de soins et de limites contenantes. Parfois, il convient de se faire violence et assumer le fait que les notions de danger et d'ordre public doivent primer. Mais ce qui paraît plus inquiétant concerne le fait que ses troubles n'aient pas été jusque-là remarqués en détention. La prison peut rendre fou parfois et produire des effets inverses à ceux escomptés. Elle n'est pas la solution, en tout état de cause en l'état actuel, pour des adolescents qui, même ayant commis les pires actes, restent des enfants en devenir.

15

Les portes de l'enfer

Le frêle esquif va bon train sur ces eaux « tumul-tueuses » de la baie des Trépassés. Nous sommes deux éducateurs à encadrer 5 mineurs sous-main de justice. Le chef de bord nous accompagne ainsi que Marc, le président de l'association dont le but est la restauration du patrimoine maritime. Nous n'en sommes pas à notre premier chantier éducatif sur ce thème. J'avais déjà initié ce type d'actions lorsque je travaillais au C.E.R, notamment dans le cadre de la restauration des coques de navires lorsque ces derniers sont à l'hivernage. Une autre fois, nous avions réalisé un chantier qui consistait à rénover la peinture des balises d'un port. Alors encordés, il avait fallu restaurer le manteau rouge et blanc d'un bateau-phare. Le troisième chantier avait quant à lui consisté à rénover l'intérieur d'un phare, afin de préparer sa mise en peinture.

L'aventure qui nous attendait maintenant était différente et plus risquée. Il s'agissait d'aborder le phare de Tevennec, maison feu posée sur un caillou dans la partie nord du Raz de Sein. Ce phare est connu pour l'ensemble des légendes qui l'entourent et est présenté comme un lieu maudit. Il a été baptisé pour cette raison « les portes de l'enfer ». On y envoyait les gardiens de phare dans le cadre de mesures disciplinaires. Des cris effrayants de revenants y avaient été entendus lors de sa construction [1]. Il fut allumé en 1875. Et c'est en 1910 que le phare sera automatisé, ce qui signera la fin des gardiens de phare sur ce site.

Le choix de ce lieu n'est pas un hasard. D'une part, il correspond à ce partenariat que j'ai développé avec l'association de préservation des phares et balises, mais il s'agit aussi de faire jouer l'aspect aventureux et presque mythique de l'expédition.

Je dois insister ici sur cette notion de camps et séjours et de chantiers éducatifs que la protection judiciaire de la jeunesse met en œuvre. Il ne s'agit absolument pas de « vacances offertes » à des mineurs délinquants comme nous pouvons l'entendre à l'envie. Ces projets s'inscrivent à plein dans la notion de restauration des liens entre ces jeunes et la société civile. Ces actions sont avant tout des prétextes pour travailler dans une forme de relation éducative : le rapport à l'autre, à soi, à la citoyenneté afin de faire comprendre à ces jeunes que les individus en société sont dépendant les uns des autres. C'est ce qu'un pédagogue comme Fernand DELIGNY décrit lorsqu'il explique que l'éducateur est avant tout un « créateur de circonstances [2] ». Des circonstances qui permettent à un jeune de rencontrer d'autres personnes, d'autres lieux, d'autres expériences qui le feront changer. C'est une aventure humaine qui encourage une forme de restauration de l'empathie chez ces derniers [3]. Il s'agit d'une véritable œuvre éducative qui se trouve à l'action. Cela est possible, lorsque nous plaçons ces mineurs dans un environnement qu'ils ne connaissent et ne maîtrisent pas. Le but de cette stratégie, consiste à faire vaciller leurs postures et leurs certitudes afin, à la façon d'une technique de terre brulée, de refaire vivre la socialisation mais cette fois en conformité avec la communauté. Car ces jeunes sont socialisés mais avec des codes et des règles qui ne sont pas ceux acceptés communément par la société. Il convient donc de restaurer chez eux une forme

---

1. Marc POINTUD, *Lumières sur Tevennec, Les portes de l'enfer*, Ed. Embannaduriou Coop Breizh, 2018, 115 p.

2. Fernand DELIGNY, *Graines de crapules*, Ed. Dunod, Paris, 2004.

3. Omar ZANA, *Restaurer l'empathie chez les mineurs délinquants*, Ed. Dunod, 2010, 256 p.

de socialisation perdue [1]. L'objectif de la prise charge des jeunes sous-mains de justice réside dans l'objectif de leur faire abandonner leurs habitus contractés depuis longtemps, ce qui nécessite une approche toute particulière.

Il est donc impératif de travailler à travers des actions de médiation sur la socialisation, sur la question des passages à l'acte et sur la récidive. L'objectif consiste à les sensibiliser aux victimes, mais également et peut-être surtout à les pousser à apprendre à se connaître eux-mêmes et à être vrais dans leur relation aux autres. Ces opérations vont donc de pair avec l'idée de la rescolarisation et de l'insertion. Une mission qui par ailleurs fait l'objet d'un travail spécifique en partenariat avec les dispositifs de droit commun, comme les missions locales où France Travail. Mais aussi grâce à des dispositifs propres à la protection judiciaire de la jeunesse comme les unités éducatives d'activité de jour (UEAJ) dans lesquelles ces jeunes peuvent trouver à la journée des activités de remise à niveau scolaire ou des mises en stage et même parfois une aide à passer le Code de la route ou à préparer des formations diplômantes.

La préparation d'une telle action n'est pas neutre, elle s'entoure d'un ensemble de garanties. Il faut obtenir l'accord des magistrats pour chacun des jeunes, les autorisations parentales, faire passer un certain nombre de certificats d'aptitude selon les activités qui seront menées. Il convient également de prévenir les autorités du lieu où se déroulera le séjour. Il faut surtout compter sur l'investissement des éducateurs qui pendant plusieurs jours ne pourront pas rentrer au sein de leur famille car l'encadrement se fait 24h/24 sur une durée généralement fixée à une semaine.

Le choix des mineurs que j'emmène n'est pas non plus du fait du hasard. Pour ce séjour sur Tevennec chaque jeune choisi présente une problématique spécifique. Ainsi pour J. il s'agit de travailler chez lui une forme de « psychopathie » qui le conduit à penser qu'il n'existe rien en dehors de lui et de sa toute-puissance. Il est donc confronté à des éléments qui le dépassent

---

1. Robert CARIO, *Jeunes délinquants. À la recherche de la socialisation perdue*, Ed. L'Harmattan, 2000, 416 p.

et doit accepter le fait qu'il ne peut pas tout maîtriser. La gestion au quotidien est compliquée avec lui, nous travaillons aussi sur sa frustration par l'obligation qui nous est imposée de rester isolés sur le caillou de Tevennec pendant des heures, bloqués et dépendants des éléments marins. Car pour repartir, il faut attendre la marée haute. À force de tourner en rond, J. décide de repartir à la nage, ce qui est une décision absolument irrationnelle. Nous entrons dans un moment de tension avec le mineur qui dure longtemps pour finalement arriver à lui faire entendre qu'il est moins fort que la mer et qu'ici, ce sont les éléments qui commandent.

F… quant à lui est là pour des faits d'association en vue de préparer un acte terroriste. J'ai décidé de sa participation au camp car nous en sommes à une phase d'évaluation demandée par le magistrat juste après sa mise en examen. La configuration du lieu et l'isolement permettront, je l'espère, des discussions autour des faits pour lesquels il est inquiété par la justice et de comprendre pourquoi et comment il en est arrivé à vouloir au hasard agresser avec un couteau des anonymes dans la rue.

Pour G… l'objectif est d'évaluer sa capacité à vivre en autonomie, à se débrouiller seul dans les actes de la vie quotidienne, puisque nous sommes en autonomie complète lors de ce séjour, hébergés dans une maison prêtée par la mairie. Il nous faut faire les courses alimentaires, anticiper et préparer les repas. Il sera responsable du pôle-cuisine le temps du camp.

K… et V… sont deux mineurs étrangers isolés. Pour ces derniers, le séjour relève plus d'une acceptation des règles de vie en communauté.

Le séjour alterne avec des actions de chantier. Ce qui engendre un respect des horaires de lever, de coucher, et d'anticiper sur la journée l'emploi du temps. L'objectif consiste à donner des repères de vie, et de ne pas se laisser aller à vivre au jour le jour où d'heure à heure. Tout est source d'éducation et c'est de cela dont ces mineurs ont besoin. Il faut travailler sur la frustration, la patience, notamment lorsque l'on fait plusieurs heures de route pour atteindre le lieu du séjour. « Batailler » pour ne pas les laisser fumer dans le véhicule, être à l'affût de la moindre consommation de produits illégaux et, sans cesse, être vigilants.

Le séjour se compose aussi de découvertes historiques et touristiques car il est indispensable de réinscrire ces jeunes dans l'histoire soit d'une région ou d'un secteur d'activité et par ce biais les inciter à réfléchir à leur propre origine et à leurs racines. C'est une façon et d'une manière détournée de les « raccrocher » et de les sensibiliser au fait qu'il existe une dépendance aux autres en société et à l'environnement de vie.

Il existe ainsi des épisodes compliqués, parfois des confrontations. Je me souviens de ce jeune qui, alors que nous étions en camp sous tente sur l'île d'Ars en Bretagne, craque d'impatience et décide de repartir seul sur son canoë-kayak alors que nous sommes au beau milieu du golfe du Morbihan. Il avait dû revenir, contraint par les éléments, un peu honteux et nous avions pu travailler chez lui sur son impulsivité. Les jours passés dans cette configuration ne sont pas des loisirs mais de véritables temps de travail éducatif. Ils sont remplis d'émotions en raison de la proximité de vie avec les mineurs et c'est certainement dans ces conditions que l'impact éducatif est le plus fort. C'est ce jeune L… que l'on croit « rangé » et pour lequel on s'aperçoit durant un camp randonnée à la montagne qu'il est en réalité toujours plongé dans le trafic de stupéfiants.

Et puis ce sont des aspects inconnus de leurs personnalités qui surgissent et qui surprennent. Ce sont ces jeunes qui m'aident et m'apprennent à skier, moi qui n'ai jamais pratiqué ce sport. Car là aussi, leur montrer ses propres difficultés est pour eux, source de re-narcissisation. L'enjeu est bien là, faire en sorte d'enlever les oripeaux d'une identité qu'ils ont enfilés pour paraitre plus fort, mais surtout pour cacher leurs faiblesses et leurs tourments. D… enfile son kimono de judo à l'occasion des sessions entre les jeunes et le service des douanes que j'organise. Il me lance : *« maintenant on va me respecter ».*

Des actions éducatives, j'en ai fait de nombreuses : débroussaillages, chantiers marins, chantiers peinture, randonnées, canyoning, voile, judo, pêche, atelier mécanique, écriture …, mais tous ces projets ont d'abord et avant tout une dimension éducative. Ils font l'objet d'un bilan avec les jeunes après le séjour et d'un compte rendu aux magistrats qui permet de travailler sur la réponse pénale à apporter aux mineurs. La réfection du tribunal pour enfants que j'organise, par exemple, pendant une semaine a, elle aussi, un impact sur l'impression et les a priori des magistrats eux-mêmes quant à ses jeunes qui, la semaine précédente, se présentaient devant eux comme revêches et retords à toutes formes d'autorité.

Le rapport à l'autorité se construit, il ne s'impose pas nécessairement de manière autoritaire à ces jeunes. Il convient de les amener au respect d'une autorité par et dans une relation et non par le fait de vouloir les y soumettre de force. L'échec est alors annoncé. D'ailleurs, le peu de jeunes que j'ai pu faire intégrer dans les centres Epides [1] gérés par l'Armée n'ont pas persévérés de ce fait même. C'est un leurre absolu, pour ces mineurs en particulier, de penser arriver à un résultat par l'utilisation de la soumission à l'autorité. Il convient au contraire de la leur faire accepter non par la force mais par la prise en compte de leur personnalité. Cette voie d'action est moins bruyante, moins visible mais certainement celle qui recèle le plus de succès. La prise en considération de la personnalité du mineur délinquant est fondamentale dans l'action éducative, d'autant plus si l'on porte le discours selon lequel toutes ses actions doivent être guidées par l'empathie et l'altérité.

Le canot va désormais bon train, la marée est montante, il faut partir de Tevennec. Les mineurs postés à l'arrière chantent. Ils sont heureux. Les visages se sont décrispés, l'agressivité permanente de certains s'est effacée. J'espère qu'ils sont un peu fiers de ce qu'ils ont mené. Et que ce moment n'est pas seulement un éclair fugace dans un ciel gris, qu'il servira de support et de continuum à l'action éducative une fois revenus au foyer. Nous passons à côté et au pied du phare de la Vieille. Je me retourne et vois au loin Tevennec. Il n'existe définitivement pas de malédiction.

---

1. EPIDE : Établissement pour l'insertion dans l'emploi géré par le ministère de la Défense.

Sur le chemin de retour, je conduis le Renault Traffic. La route est encore longue, nous sommes en pleine nuit, il reste 700 km à parcourir. J…, le jeune indomptable, toujours sur le qui-vive et agressif, celui qui voulait affronter à la nage les dangereux courants de Tevennec, s'est assoupi. Et, retourné à l'état d'enfant qu'il n'a jamais quitté, il laisse sa tête doucement se poser sur mon épaule. Je n'ose pas déranger ce temps de relâchement et de confiance accordé.

Le retour au sentiment de sécurité infantile permet parfois plus de réussite que les effets d'annonce sur les éventuels résultats positifs d'un autoritarisme exacerbé et laisse derrière nous, ce soir-là, sur la route, nos mots au bord du vide.

16

La quête de l'enfance perdue

Il arrivait que l'enfant pleure en classe. Ce jour-là, il s'était livré à son professeur de français à l'occasion de la rédaction d'une dissertation. Encore aujourd'hui, je ne sais pas pourquoi ces mots étaient sortis de ma bouche, mais une chose semblait à ce moment définitif : je ne voulais pas grandir. La réponse du professeur enfermait alors l'enfant que j'étais dans une forme de fatalité : *« il faudra bien que tu grandisses ! tous les enfants grandissent ! »*.

Il existe ainsi de temps à autre une dysharmonie entre l'enfant et l'adulte. Le premier n'alimente plus le second et le second s'étiole et se rabougrit au fil du temps sans la sève de son enfance. Les raisons en sont certainement très complexes à identifier mais, de ce fait, l'enveloppe corporelle grandit, la biologie prend le pas, les conventions sociales viennent combler le vide et laissent la personnalité une fois à maturité comme dépouillée, amputée d'une partie de son fondement.

Pourtant l'enfant intérieur est bien là, présent. J'écrivais dans un prédécédant ouvrage que l'éducateur est un « vampire d'émotions [1] ». Cette expression m'était venue « comme ça », au fil de l'écriture, comme si c'était lui, l'enfant, qui m'avait adressé

---

1. Olivier CHEVRIER, *Crime ou folie*, *op. cit.*

la parole, pour me dire que toutes ces années de rencontres, de prises en charge de la souffrance des uns et des autres n'étaient finalement qu'une façon de ne pas le regarder, lui, en face. Il me faut sans doute désormais le chercher, le retrouver, le faire vivre cet enfant mort.

Paradoxalement, c'est au contact de la souffrance et des drames humains que je le faisais s'agiter jusqu'ici. C'est sans doute aussi parce que je le vois, lui, en chacun des autres enfants que je côtoie dans ma pratique professionnelle, que je me suis forgé cette forme de résistance et de lutte pour tenter coûte que coûte de les sauver, eux, à ma manière. Peut-être arriverais-je un jour à réconcilier « l'enfant intérieur » au reste de ma personnalité. Mais dans cette attente et toujours en quête de cet enfant perdu, je ne me suis pas rendu compte que pendant toutes ces années, c'était lui que je voulais sauver : celui qui conduisait autrefois son petit troupeau de chèvres vers les pâturages.

Je m'étais trompé. Cette attirance pour le crime, la mort, la délinquance, ce « remplissage » émotionnel n'avait finalement qu'une fonction : celle inconsciente de faire vivre le mort qui gisait en moi. Le mort-vivant, c'était moi.

Cet instinct de survie, je le traduis dans une lutte contre les administrations pour, par exemple, faire valoir un droit chez un mineur, ou pour convaincre tel ou tel magistrat, ou bien encore parfois pour me positionner à la limite de la légalité. Obéir en résistant[1], je le comprends seulement maintenant : c'est dans cette posture que les enfants, en face de moi, me reconnaissent. Eux qui, sans doute, ont toujours perçu chez moi cet enfant en détresse, au fond du puits qui leur tend la main, afin de s'accrocher à leur manche, non pas pour les sauver eux, mais pour éviter que lui, ne se noie davantage. C'est donc cela tous ces cauchemars, toutes ces nuits épuisantes au petit matin, toutes ces persécutions oniriques. La « Mesnie Hellequin [2] » me poursuit toujours et encore. Elle est composée de cet amas de personnes

1. ALAIN, *Propos d'un normand*, Ed. Gallimard, NRF, 1960.

2. LECOUTEUX C., *Chasses infernales et cohortes de la nuit au moyen âge*, Ed. Imago, 1999.

mortes et vivantes, rencontrées et qui, pêlemêle, dans un assourdissant chevauchement, me poursuit. Le sentiment d'étrangeté est bien là, il est le fruit de cette forme de décapitation. Ainsi, l'enfant n'est pas devenu un homme, mais l'homme a grandi sans le souvenir d'avoir été enfant. La logorrhée éducative, les flots de mots prononcés dans toutes les circonstances et en tous lieux, pendant toute ma carrière, laisse désormais la place à un vide de mots.

Thierry est un grand gaillard, c'est un mineur étranger isolé. Comme souvent son parcours est émaillé de tragédies au long de son périple pour arriver en France à l'âge de 15 ans. Il a désormais 17 ans. Son but est clairement affiché : il veut obtenir une carte de séjour pour travailler en France et s'insérer. Son arrivée a pourtant mal débuté. Il est placé au foyer, après une période de prison, pour avoir tiré sur des policiers lors d'une course poursuite en voiture. Il sera jugé pour une tentative de meurtre.

Tous les jours, il vient demander avec insistance où en sont les démarches pour obtenir le précieux sésame. Il en devient oppressant pour l'équipe éducative et sa cicatrice au visage peut faire peur. Je prends cette situation à bras le corps. La loi permet pour certains de ces mineurs, s'ils ont été pris en charge par l'aide sociale à l'enfance assez tôt, d'obtenir une carte de séjour-travail. Ses souvenirs sont vagues, mais il arrive à se remémorer le fait d'avoir été placé à Nantes avant d'avoir fugué du foyer pour poursuivre ses pérégrinations qui l'ont amenées à Paris, avant sa mise en examen. Pour lui, tout est simple et il ne comprend pas pourquoi les choses ne vont pas plus vite. En réalité, il me faut reconstruire tout son parcours et presque, année par année, apporter une preuve d'une prise en charge qu'elle soit hôtelière par l'aide sociale à l'enfance ou par une inscription scolaire. Je passe ainsi des jours au téléphone. Je me vois faire la queue à la préfecture plusieurs fois pour atteindre enfin le bureau de demande de carte de séjour. Il existe une difficulté pour Thierry : la date de naissance inscrite sur son passeport, unique document officiel en sa possession, ne correspond pas à celle enregistrée par l'aide sociale à l'enfance lorsqu'il est entré en France. Il faudra réussir à convaincre les autorités de l'aide sociale à l'enfance et faire modifier cette date pour rendre viable son dossier.

C'est un combat qui est livré avec l'administration et notamment les services de la préfecture. La protection judiciaire de la jeunesse n'a pas de réels partenariats avec ces services et je me retrouve donc systématiquement à devoir expliquer et réexpliquer la situation du jeune homme. Les jours passent, l'impatience monte chaque jour un peu plus chez Thierry qui sait les enjeux pour lui à obtenir ce document tant convoité. À force d'acharnement, un matin, un pli recommandé arrive au foyer : Thierry a reçu le récépissé qui lui permet de retirer sa carte de séjour. Il me tombe dans les bras en me remerciant. Je me dis « c'est déjà ça ! il a ses papiers ». Sa situation se débloque, il peut désormais bénéficier d'une prise en charge jeune majeur en foyer de jeunes travailleurs. Aux dernières nouvelles, il travaille sur des chantiers en toute légalité.

Ne jamais rien lâcher, c'est ce qui caractérise encore la situation de M. Après deux ans d'accueil au foyer, âgé de 18 ans, il faut lui trouver une solution. En effet, les jeunes qui sont dépourvus d'environnement familial à leurs 18 ans sont bien souvent laissés à la dérive à la sortie du foyer. C'est un enjeu majeur pour les éducateurs qui se doivent donc d'échafauder des solutions dans ces situations très précaires. Car à l'avènement de la majorité, les prises en charge pour ces jeunes s'arrêtent et il n'y a, bien souvent, comme unique solution que la rue ou les foyers d'accueil d'urgence. Ces établissements sont d'ailleurs eux-mêmes généralement pris d'assaut et il n'est pas rare d'avoir l'obligation de s'y inscrire sur des listes d'attente !

Je découvre l'existence d'un oncle de M. qui vit en suisse. L'objectif est alors de l'envoyer vivre chez cet oncle qui est d'accord avec le projet et qui a déjà prévu une insertion pour son neveu. M. n'a plus de mesure éducative, puisque le juge a clôturé le dossier. Je me rappelle avoir été en contact avec cet oncle par « sms » tout le long du passage à la frontière suisse. M., en effet, n'a pas de papiers mais seulement une photocopie d'un passeport de son pays d'origine. Je laisse faire l'oncle qui, je ne sais par quel truchement, arrivera à faire « passer » son neveu en Suisse.

M. a donné de ses nouvelles par la suite, en forme de remerciements. Il s'en sort bien et désormais a construit sa vie chez son oncle. Je me demande souvent comment ces jeunes, ces « gosses de l'événement » vivront, une fois adultes, leur enfance et si, comme moi, ils auront à faire la quête de cette enfance intérieure perdue, cassée, oubliée, anesthésiée.

Des enfances brisées : d'aucuns disent qu'il « faut faire avec ». Comme cet avocat qui, après l'audience chez le juge des enfants dit à Cécile que l'on ne doit jamais juger son père. Cécile était restée stoïque, elle avait compris que cet homme de loi, commis d'office, ne connaissait pas son histoire. Comment ne pas juger son père, alcoolique et violent, qui l'avait violée puis avait abandonné sa famille ?

Cécile n'a confiance en personne. Elle est accompagnée par l'aide sociale à l'enfance quand je prends la suite de son suivi éducatif, cette fois au pénal. La jeune fille, qui à 17 ans, est en perpétuelle fugue de chez sa mère. Son éducatrice n'arrive à la rencontrer que lorsqu'elle est placée en garde à vue pour des vols et des violences récurrentes. Ses faits délinquants sont si nombreux que l'aide sociale demande et obtient la main levée de son placement afin qu'elle soit suivie uniquement dans un cadre pénal. L'aide sociale pratique régulièrement ce procédé. Dès qu'un fait pénal est posé, elle demande en général le transfert du dossier vers la protection judiciaire de la jeunesse.

Je rencontre son éducatrice au civil qui m'explique sa lassitude de la situation et que Cécile est, selon elle, une enfant perdue. Après de nombreuses convocations à mon bureau en milieu ouvert, je ne vois pas Cécile, elle ne vient pas aux rendez-vous donnés. Je me mets en quête de la trouver. J'exerce le suivi d'une autre jeune fille du quartier qui la connaît et je lui demande de lui faire savoir que je la cherche. Je me rends dans un camp de gens du voyage où, paraît-il, elle se réfugie, mais sans résultat.

Des semaines passent et un jour Cécile se présente à mon bureau. Je lui propose un séjour de rupture au sein d'une association dans le sud de la France. Elle accepte cette main tendue. Nous voilà deux éducateurs à l'emmener sur ce lieu pour une préadmission. Nous y passerons tous les trois deux jours.

Cécile sera retenue pour aller sur ce lieu de vie en pleine nature mais ne se présente pas le jour du rendez-vous pour partir. De nouveau en fugue, les semaines vont ainsi passer, toujours pour ma part à tenter de créer un lien. Je convaincs sa tante de la recueillir chez elle. Je l'emmène chez cette dernière et organise sa rescolarisation. La difficulté consiste dans le fait que Cécile est intégrée dans une classe de 6e alors qu'elle est âgée de 17 ans. Cécile ne tiendra pas cette scolarité où elle ne trouve pas sa place. Les fugues se répètent à nouveau et, finalement, la mesure éducative s'éteint après le jugement de ses affaires. Âgée de 18 ans, elle ne bénéficie plus de suivi éducatif. Je perds sa trace. Les mois passent. Je m'occupe d'autres mineurs et je l'oublie peu à peu. Et puis un matin, la secrétaire de la structure m'appelle. Cécile est à l'accueil, elle veut me voir. Je descends, elle a les traits tirés et je remarque immédiatement une large brulure sur son avant-bras gauche. Elle me dit qu'elle travaille en cuisine et que c'est un accident. Mais elle vient surtout me demander une aide. Elle veut consulter son dossier à l'aide sociale à l'enfance. Elle me donne son numéro de téléphone afin que je puisse la recontacter et lui donner des informations sur la procédure à suivre. Je ne la rappellerai pas pourtant car, me faisant violence, je pense à cette époque, que n'ayant plus de suivi éducatif, je ne peux entrer dans une forme d'aide « hors cadre ». Nous parlons peu dans notre métier des fins de suivis éducatifs et pourtant, ils sont bien souvent difficiles du fait de la relation qui s'est établie avec l'adolescent. Mais aussi parfois parce que l'éducateur doit mettre un terme à l'accompagnement pour faire grandir l'autre surtout lorsqu'il n'existe plus de cadre judiciaire d'intervention. Je regrette cependant parfois, encore aujourd'hui, de ne pas avoir répondu à la demande de Cécile et de ce fait, d'avoir certainement raté une occasion de lui permettre de retrouver une partie de son enfance perdue.

17

Le Golem [1]

Le golem signifie dans la religion judéo-chrétienne une sorte d'« homme-robot ». C'est un être créé par des moyens artificiels, voire magiques. Il est muet, les hommes étant incapables de lui donner la parole. D'abord un enfant fait d'argile, il devient bientôt un géant. Il est asservi à son maître. Mais ce dernier risque toujours d'être écrasé par sa création, ou dépassé par l'inaptitude à pouvoir finalement la contrôler.

Les couches sédimentaires s'étaient accumulées au fil du temps professionnel. Tel l'enfant que j'étais et qui adorait passer des jours et des jours à reconstituer un puzzle, ces expériences successives imbibées des émotions des autres et parfois des miennes s'étaient peu à peu mises bout à bout, enclavées les unes avec les autres afin de permettre l'émergence d'un tout. C'est sans doute ce que le « corps éducatif » aime tant à exprimer par les mots de « construction d'une identité professionnelle ». Au fond, il s'agit bien de créer un être, un autre, qui risque pourtant, tel le Golem, d'échapper à son créateur inconscient.

Cet éducateur, ce professionnel construit de toutes pièces, m'avait échappé. Dirigé obstinément et aveuglément dans sa

---

1. CHEVALIER Jean, GHEERBRANT Alain, *Dictionnaire des symboles*, Ed. Robert Laffont, 1969, 840 p.

mission d'aide éducative, il avait fini par écraser les individualités de son entourage qui habitaient ma vie personnelle. De rupture en rupture, d'inachèvement en inachèvement, le bienfaiteur était devenu un monstre d'argile prêt à étouffer son créateur, sans jamais donner accès à l'enfance perdue qui avait jusqu'alors guidé toute ma vie. C'est en ce sens que les mots de Nietzsche résonnent en moi : *« Quand on lutte contre des monstres, il faut prendre garde de ne pas devenir monstre soi-même. Si tu plonges longuement ton regard dans l'abîme, l'abîme finit par ancrer son regard en toi* [1] *».*

Je lutte d'une certaine façon, au quotidien contre une certaine forme de monstruosité, celle qui annihile l'autre, le chosifie, le vole, le viole, le tue. Mais je veux démontrer que tout le travail de l'éducateur consiste à permettre au « jeune délinquant », au-delà de ce qui est visible, de devenir qui il est vraiment, de lui permettre de se révéler et de s'affirmer en tant que citoyen. C'est certainement cette gageure qui est salvatrice et qui est un barrage à la récidive ainsi qu'une garantie de réinsertion. Tout procède finalement du visible et de l'invisible et, parfois, relève de l'artificiel.

Mon « moi » professionnel, façonné pendant tant d'années, comme fabriqué, sur un tour de potier, m'avait donné accès à une certaine forme d'humanité chez l'autre. Le mal fait bien partie de l'humain mais n'en est pas issu originellement.

Il convient de rappeler cet état de fait, car l'histoire des sciences criminelles est toute portée sur l'idée de faire du criminel, un être à part, une sorte de monstre, évadé des profondeurs de l'histoire. Je vois défiler devant mes yeux les écrits de LAVATER [2] ou de LOMBROSO [3] et leurs représentations physiognomoniques des délinquants qui les rapprochent coûte que coûte par des comparaisons graphiques à

---

1. NIETZSCHE, Ainsi parlait Zarathoustra, *op. cit.*

2. LAVATER, *La physiognomonie, ou l'art de connaître les hommes*, Paris, 320 p.

3. LOMBROSO, *L'homme criminel*, atlas, Ed. Felix Alcan, Paris, 1895.

l'animal. La quête de la « bosse du crime », la « sinistra » a ainsi longtemps monopolisé l'attention des scientifiques.

Peu à peu, avec l'avènement des sciences psychologiques notamment, la notion de « suggestion dans le crime » prend sa place et « fait mode » dans la recherche des causes du passage à l'acte criminel. Les arts s'en mêlent aussi, et bientôt nous voyons apparaître sur les écrans de cinémas des scientifiques fous qui dirigent à distance les êtres qu'ils ont créés ou suggestionnés, afin de leur faire commettre les pires méfaits en leur lieu et place. Le corps tout entier devient objet par l'entremise du docteur Caligari [1] qui guide à distance César le somnambule. Les mains criminelles incontrôlables d'Orlac [2] le poussent dans d'étranges visions morbides à étrangler son prochain. Le « meurtre par procuration [3] » continue toujours d'alimenter la fiction. Pour autant, dans certaines situations bien réelles cette fois-ci, et sans pour autant pouvoir le démontrer, il est concevable de ne pas écarter cette hypothèse qui pourrait rester farfelue au premier abord.

Jean est incarcéré après sa mise en examen pour le meurtre de son père. Le crime de parricide (meurtre du père ou de la mère) revêt une connotation bien singulière dans l'univers des crimes et des délits. Ce crime a toujours « bénéficié » d'un traitement judiciaire particulier. Il a souvent été traduit comme le pire des crimes, car il est considéré comme celui qui menace au plus haut point l'ordre social. De ce fait, la réponse pénale était terrible et faite essentiellement de tortures qui aboutissaient à la mort du supplicié. Le criminel pouvait être enfermé dans un sac avec un serpent, on lui coupait la main criminelle avant de procéder à sa décollation. Les temps ont heureusement changé, et on ne parle plus de nos jours de parricide, mais de meurtre sur ascendant.

Jean n'est pas un « délinquant » au sens où il n'a jamais jusqu'ici été confronté à la justice. Mais ce jour-là, alors que sa mère et son frère ne sont pas au domicile, personne ne sait

---

1. *Le cabinet du Docteur CALIGARI*, Robert Wiene, 1922.

2. *Les mains d'ORLAC*, Edmond Gréville, 1961.

3. F. FRANCIS, *Le meurtre par procuration*, Film, 1964.

vraiment ce qui s'est passé entre Jean et son père. On sait seulement que Jean a étranglé ce dernier, jusqu'à le laisser sans vie. Une demande de mise en liberté alternative à la détention provisoire a été formulée par l'éducateur de milieu ouvert qui est en charge de cette situation. Le projet est bien « ficelé ». Jean après un an d'incarcération doit être pris en charge par un organisme spécifique qui travaille à partir du support de la randonnée. Il s'agit ainsi, pendant plusieurs semaines, de partir en doublon avec un éducateur sur les routes de France dans un parcours bien établi, de manière à permettre la réflexion, le retour sur soi, l'échange et la socialisation.

Il est prévu qu'après cette prise en charge, Jean soit accueilli au foyer pour travailler ensuite avec lui, à anticiper le procès et l'après-procès, notamment en ce qui concerne son insertion et son hébergement. Il est bientôt majeur en effet, et il est de coutume d'envisager dans ces conditions de préparer le mineur à vivre en totale autonomie, d'autant plus lorsque les relations intra-familiales ne permettent plus le vivre ensemble.

Je vais donc le voir en détention accompagné de la psychologue du service. Notre but, comme à chaque fois, est d'évaluer si après un an d'incarcération le mineur fait preuve de réflexions sur son acte, d'envie de s'en sortir, de souhaits, et d'adhésion à un éventuel placement en foyer. Les entretiens de ce type sont relativement courts. Ils durent au plus une heure. Nous avons en tête le rapport écrit de l'éducateur de milieu ouvert à qui nous avons pu demander des renseignements complémentaires. Parfois, nous disposons d'expertises psychologiques ou psychiatriques, lorsqu'elles ont été ordonnées par le magistrat. Nous cherchons à savoir et à imaginer aussi la capacité du mineur à être placé et, de la même manière, comment il pourra s'intégrer dans un groupe d'environ une dizaine de jeunes au foyer. Même si nous ne pouvons pas tout anticiper, il s'agit déjà là de prévoir le projet de sortie du foyer et de considérer si le mineur pourra ou non se saisir de l'aide apportée. Parfois, c'est un pari qu'il faut tenter. À l'issue de notre entretien, nous demandons également souvent comment se passe la détention, soit auprès du service éducatif de la maison d'arrêt, soit directement auprès des surveillants.

L'ensemble de cette démarche constitue la procédure d'admission au sein de l'établissement. Une fois de retour au foyer, les éléments recueillis sont mis en commun et discutés en réunion d'équipe. Celle-ci a lieu une fois par semaine au foyer. Lorsque la majorité l'emporte, une réponse, positive ou négative, est apportée à l'éducateur de milieu ouvert. Si la réponse est positive, ce dernier se met alors en lien avec le magistrat pour évoquer une date de sortie de la maison d'arrêt. C'est l'éducateur de milieu ouvert qui opère la levée d'écrou et qui conduit au foyer le mineur pour y être placé par une « ordonnance de placement provisoire » d'une durée légale et renouvelable de 6 mois. Cette procédure constitue l'un des deux modes d'entrée au foyer.

Le second mode de placement est celui qui s'effectue dans le cadre de l'urgence et lorsque le mineur après une garde à vue est déféré au parquet. Ici, et si un mandat de dépôt est requis par le procureur, les éducateurs de l'unité éducative auprès du tribunal (UEAT) appellent les établissements de placement pour pouvoir proposer une alternative à la détention au magistrat. Ainsi, des mineurs sont amenés à être placés au foyer eu urgence à tout moment du jour et de la nuit en fonction de l'activité des tribunaux. Mais dans les deux types d'accueils, le travail avec la famille est fondamental et maintenu dès le début du placement et cela jusqu' à la fin de cette mesure. Une fois sorti du foyer, le mineur continue à être suivi par son éducateur de milieu ouvert qui en a d'ailleurs bien souvent la charge avant le placement en foyer.

Jean, lui, est plutôt bavard. Il montre une intelligence certaine lors de notre entrevue à la maison d'arrêt. Chose absolument rarissime, il a prévu sur un bout de papier des questions à poser sur le foyer et son mode de fonctionnement. Il paraît curieux. Il est au courant du projet de sortie. Il doit intégrer le dispositif de randonnée à sa sortie pour ensuite, dans plusieurs semaines, être placé au foyer et pour travailler à une semi-autonomie, c'est-à-dire dans le cadre d'un suivi éducatif en studio d'appartement à la condition, bien sûr, d'avoir une insertion sociale fiable. Jean veut faire de la menuiserie. Au moment des faits, il était déjà scolarisé en CAP et suivait cette formation avec assiduité.

L'entretien se déroule bien, Jean fait preuve de maturité. Nous n'abordons pas à ce moment précis les faits car, ce qui importe, c'est plutôt son degré de maturité, de réflexion et de projection qui nous intéressent. L'ensemble des voyants semblent au vert pour accueillir Jean au sein du foyer. Son arrivée est validée par l'équipe éducative. Plusieurs semaines après, à la suite de son périple pédestre et éducatif, Jean arrive au sein de l'établissement après une audience chez son juge. Une passation est faite entre les éducateurs qui l'ont pris en charge auparavant et l'équipe du foyer. Tous les jeunes placés bénéficient de deux éducateurs attitrés, appelés « référents » et qui s'occupent plus particulièrement de sa situation : relation avec le magistrat, le milieu ouvert, la famille, l'école. Mais, bien sûr, l'ensemble de l'équipe est au fait de chaque situation.

La maman de Jean est quant à elle rencontrée très rapidement et le travail peut commencer sur l'histoire familiale et sur l'origine de l'effraction causée par ce crime. D'emblée, une difficulté se pose. En effet, le crime et donc son auteur sont reconnus comme salvateurs, et Jean comme une sorte de libérateur pour et par toute sa famille. Le père est en effet décrit comme tyrannique et violent depuis de nombreuses années et en particulier en direction de la mère de famille. Jean a donc du mal à saisir pourquoi il doit rendre des comptes à la justice puisque lui-même a « rendu justice » tout en étant perçu comme un sauveur par les membres de sa famille. La mère quant à elle se présente comme victime de son mari, un homme atteint du syndrome de Diogène [1] qui rend la vie à la maison impossible. Elle a pris l'habitude de dormir avec son fils, l'auteur du meurtre, depuis des années et même encore avant les faits afin, selon elle, de le protéger des fureurs de son ex-conjoint.

Le couple parental est aisé et bénéficie d'un statut social élevé. Jean montre un parcours de prise en charge sans difficulté, il reprend sa scolarité et aucun incident n'est à signaler pendant son placement. Ce qui interroge, relève plus du positionnement de la mère qui ne semble pouvoir se réaliser que dans la

1. Syndrome de Diogène : trouble du comportement qui conduit à une vie négligée et insalubre, caractérisée par une accumulation compulsive d'objets.

victimisation. Victime, selon elle, toute sa vie de son mari, elle semble désormais ne pouvoir vivre qu'à travers les souffrances et les difficultés que connaît son fils. Cela donne l'impression qu'elle ne peut s'assumer que si elle est l'objet de compassion de la part des autres, et cela pour l'ensemble des drames qui jalonnent son existence depuis sa tendre enfance. C'est comme si, dans son discours, un anathème s'était abattu sur elle dès la naissance et qu'elle ne pouvait vivre qu'à travers l'apitoiement de son entourage à son égard.

Elle demeure toujours dans l'appartement où s'est déroulé le drame, car même dans cette terrible situation et malgré ses démarches de changement de logement, elle n'est pas positionnée comme prioritaire par l'OPHLM. Cependant, à l'opposé, lorsqu'il lui est proposé finalement un nouveau lieu de vie, elle le refuse systématiquement. Il lui faut donc vivre au jour le jour sur la scène de crime. Cette situation conduit à un immobilisme psychologique qui empêche la famille de pouvoir prendre du recul et faire preuve de réflexion sur les faits.

Les relations entre le père et le fils étaient de longues dates très tendues et la position dans laquelle la mère mettait le fils vis-à-vis du père pose également question. Quoiqu'il en soit, le jour du crime, la mère laisse le fils à la maison seul avec son père afin d'aller se promener avec ses amies. Elle reçoit alors un appel de son fils qui, paniqué, lui annonce qu'il pense avoir tué son père. L'acte est d'abord présenté comme une forme d'accident, suite à une bagarre qui a dégénéré. Cependant l'expertise médico-légale laisse planer le doute. L'homme a été étranglé avec sa propre ceinture et une forme d'intentionnalité chez l'auteur ressort de l'examen médico-légal au regard des traces laissées sur le corps de la victime.

Cette situation me préoccupe longtemps et encore aujourd'hui. À force de discussions et d'échanges avec la mère et le fils et de manière absolument indépendante de ma volonté, un mot systématiquement me revient en tête : celui du syndrome de Münchhausen [1] par procuration. J'en suis presque arrivé à la

1. Syndrome de Münchhausen : pathologie psychologique caractérisée par un besoin de simuler une maladie ou un traumatisme dans le but d'attirer la

conclusion que le meurtre du père, à la façon d'une maladie provoquée par la mère, permet à cette dernière de se maintenir en vie. Le crime, tout en condamnant l'enfant à subir un « traitement-châtiment », lui permet-il de se situer continuellement dans une quête et une attente de compassionnel de la part d'autrui ? L'acte criminel pourrait alors bien être considéré comme commis par procuration. Il deviendrait la raison de vivre pour la génitrice.

L'enfant, quant à lui, pourrait être perçu comme le Golem façonné, guidé et instrumentalisé même inconsciemment par sa mère, qui, à la façon du Docteur Caligari, pointe son doigt vers l'horizon, et envoie le somnambule César commettre le crime à sa place.

---

compassion, ou de provoquer ou simuler chez l'autre (un enfant) une maladie pour soumettre ce dernier à des traitements parfois dangereux.

18

« 22, v'là les flics »

6h30 du matin, quatre véhicules de police se présentent devant le portail du foyer. Tout est paisible dans ce quartier résidentiel où se situe l'établissement. J'ai été contacté par le commissaire de police la veille. Une affaire à l'instruction, une commission rogatoire. Un des mineurs doit être entendu et peut être mis en garde à vue. J'accueille les équipages de police. L'officier de police judiciaire prend mon identité, il demande quelques renseignements sur le jeune qu'il est venu chercher. Tout va aller très vite maintenant. Responsable du centre, c'est à moi de les accompagner et d'ouvrir la porte du jeune. Les mineurs ne disposent pas de leur clé de chambre. Ils peuvent s'enfermer de l'intérieur par un dispositif de serrure à molette, mais les éducateurs ont la clé qui leur permet de rentrer à tout moment.

Les éducateurs ont en effet un devoir de garde et de surveillance relativement aux mineurs placés. Et notamment la nuit, c'est pour cette raison que deux éducateurs exercent une veille nocturne. La vigilance doit sans cesse être le leitmotiv. Il faut éviter bien sûr les fugues, mais aussi les regroupements dans les chambres, les consommations de produits stupéfiants ou tout bonnement encourager le jeune à éteindre son téléphone portable pour ne pas veiller toute la nuit. Et puis la rigueur nécessite également de prendre garde aux intrusions extérieures, car ces jeunes placés sous-mains de justice peuvent aussi être recherchés par d'autres mineurs comme par des bandes rivales par exemple. Pour prévenir ce genre de danger, le foyer est équipé d'un système de vidéo surveillance qui entoure toute la maison et qui enregistre également ce qui se passe du côté rue. J'ai fait installer une gâche électrique sur le portillon de l'entrée avec un système de visiophone et d'ouverture à distance. Mais cela ne suffit pas parfois. Un samedi, quatre individus arrivent à s'introduire au foyer et s'en prennent physiquement aux deux éducateurs de service. L'un des deux arrive à contacter la police qui intervient très rapidement. Il s'agit sans nul doute d'un « coup » qui vise alors à régler son compte à l'un des professionnels présents. Nous ne sommes jamais vraiment à l'abri de ce genre de danger. C'est pour cette raison que le foyer dispose d'un partenariat avec le commissariat de quartier et la brigade anticriminalité, ce qui permet une véritable sécurisation des agents et des mineurs qui y sont hébergés.

J'ouvre la porte de la chambre et laisse passer les policiers, le jeune dort encore. « C'est la police », lance l'un des officiers. Ce dernier notifie la mise en garde à vue du jeune et la fouille commence. Les autres mineurs sont alertés par le bruit inhabituel. Ils sortent dans le couloir et nous ne sommes pas de trop, policiers et éducateurs, pour les .faire retourner dans leur chambre. Ce genre d'événements crée toujours de l'agitation et, bien souvent, au départ des policiers, ce sont des noms d'oiseaux qui sifflent à travers les fenêtres du foyer.

Le jeune s'habille, il est calme. Ils sont d'ailleurs en général calmes lorsque cela arrive. Des scellés sont effectués, plus de 2000 euros sont découverts au fond d'une valise, enroulés dans des chaussettes. Il faut dire que les éducateurs n'ont pas le droit d'effectuer des fouilles des chambres ou même des fouilles à corps. Seul un contrôle visuel est toléré par la loi. Le mineur, lui, devra s'expliquer. Il repart sans un regard vers les éducateurs, les mains menottées derrière le dos et encadré par deux agents de police. Nous informons les parents, nous serons mis au courant des suites de la procédure plus tard. Le jeune homme est finalement déféré. Un mandat de dépôt est requis par le parquet.

Il est incarcéré après de longues heures passées en garde à vue, au « dépôt », après avoir rencontré le juge d'instruction et, enfin, le juge de la détention et des libertés.

Le foyer d'action éducative est le « premier niveau » des établissements de placement, il n'est pas fermé au sens matériel du terme. À l'origine, ce type d'établissement est conçu à destination de jeunes qui ont commis un premier fait, ceux que l'on appelle les « primo-délinquants ». C'est donc un établissement que l'on peut qualifier « de semi-liberté ». Les jeunes vont et viennent avec des autorisations de sorties et des heures de rentrées à respecter impérativement, sous peine d'être déclarés en fugue et donc signalés au commissariat ainsi qu'au juge. Ils sont dans la mesure du possible scolarisés ou inscrits dans des dispositifs d'insertion. Ils peuvent être placés au foyer sous contrôle judiciaire, sous sursis avec mise à l'épreuve, en alternative à l'incarcération ou bien comme cela a été dit sous bracelet électronique dans le cadre d'un aménagement de peine.

Cependant, la philosophie du foyer d'action éducative est dévoyée dans le sens ou finalement ce dernier accueille très peu de primo-délinquants. Les autres lieux de placement plus contraignants, comme les centres éducatifs fermés ou les centres éducatifs renforcés, reçoivent le même public. Il existe ainsi comme une dilution des institutions et les mineurs passent de structures en structures, en considération du lieu où il y a une place, même si les éducateurs tentent toujours d'adapter la proposition de placement au mieux de la problématique et de la personnalité du mineur.

Les journées au foyer sont rythmées par le lever, le petit déjeuner, la douche, le départ en insertion et le retour le soir, avec à nouveau, un rythme imposé qui se cale sur l'heure du repas et du coucher, généralement fixé à 22h30. L'ensemble de la vie institutionnelle est régi par un règlement intérieur signé par le mineur et ses parents. Il constitue un outil de gestion pour les éducateurs. C'est ce que je pourrais nommer faire de la psychopédagogie, c'est-à-dire avoir la volonté de redonner un rythme de vie acceptable socialement à des jeunes qui bien souvent vivent plutôt la nuit et dorment le jour. Il convient de leur faire changer d'habitus au sens large. Certains mineurs ont quitté l'école bien avant 16 ans et ont pu vivre plus ou moins dans la rue et être confrontés très jeunes à la délinquance et à la déviance.

Le foyer est ouvert 24h/24 et 365 jours sur 365 jours. Il dispose de 12 places qui peuvent être occupées par des garçons comme par des filles. Une équipe éducative est constituée de 14 éducateurs, un chef de service, un directeur, deux cuisiniers, une psychologue, une maîtresse de maison et une secrétaire. Une vingtaine de personnes est donc mobilisée pour prendre en charge ces jeunes placés.

Pour ceux qui n'ont pas de scolarité, des petits travaux d'entretien courant leur sont proposés, des activités (remise à niveau scolaire ou activités sportives par exemple), des stages en entreprise parfois, ou une inscription dans un dispositif d'insertion, afin de ne pas les laisser dans l'oisiveté en attendant une orientation plus pérenne. Les journées de travail pour les éducateurs sont découpées en trois « services ». Un service du matin de 7h30 à 15h, un service d'après-midi de 13h30 à 23h et un service de nuit de 22h à 8h du matin. Ces services sont toujours effectués par deux éducateurs. Et le dispositif est complété par une astreinte téléphonique de nuit et de week-end, à contacter en cas d'urgence.

L'institution n'est pas « magique » et il arrive très souvent que le fait d'être placés n'empêche pas les mineurs de poursuivre leurs activités délinquantes. Les déprendre de leurs habitudes de vie est long et certains, malgré tout, continuent à se mettre en danger, soit par des fugues, ou bien encore par des délits commis à l'extérieur ou à l'intérieur du foyer. Il peut même arriver qu'il existe une reproduction au sein même de l'établissement d'une sorte de hiérarchie entre les mineurs avec un leader et de « petites mains ». Tout cela, les éducateurs apprennent à le décoder, à le déjouer et travaillent au quotidien à détricoter ce système de socialisation chez les mineurs. Au point où l'on découvre parfois que l'un des jeunes se trouve en danger au contact des autres. Il faut alors tout mettre en œuvre pour protéger ce dernier.

M. est accueilli au foyer, en sortie de centre fermé. Il arrive sur un groupe déjà constitué. Au terme d'une semaine de placement, il se confie aux éducateurs. Deux autres jeunes lui exercent une pression afin qu'il vende du produit stupéfiant à leur place. Face à son refus, le harcèlement est quotidien jusqu'à ce qu'il soit victime à plusieurs reprises d'agressions physiques de la part des deux autres. Il faut aller vite. M. est en danger. Je le convaincs de porter plainte. Ce qu'il accepte. Nous nous dirigeons vers le commissariat de police. Une fois la plainte déposée (après 2h30 d'attente), je dois prendre attache avec les magistrats référents des deux agresseurs, rédiger une note d'incident pour chacun d'eux et convaincre les juges que les deux mineurs doivent être écartés du foyer. Leurs parents sont également avertis. Un rendez-vous est pris avec la police pour le lendemain. Nous conduisons les deux jeunes au commissariat. Ils sont placés en garde à vue pour au moins 24h. M. est à moitié soulagé car l'issue d'une garde à vue n'est jamais acquise. Elle dépend du magistrat du parquet et surtout de la qualité procédurale de l'enquête. Nous devons à nouveau revenir le lendemain matin compléter la plainte déposée la veille. Cette fois-ci, M. raconte tout. Il avait en effet sciemment « omis » des détails sur ce qu'il endurait jusqu'ici. La garde à vue des deux jeunes est reconduite pour 24h. Pendant ce temps, les magistrats refusent la « main levée » du placement sans qu'une autre proposition de placement dans un autre endroit ne leur soit faite. La pression augmente, et c'est une course contre la montre qui s'instaure. Il faut impérativement avant la fin de garde à vue avoir pu proposer une réorientation pour les deux mineurs au cas où la détention ne serait pas requise. Des coups de fil sont passés ici et là, en région et hors région, pour absolument trouver une alternative. Il est en effet impensable dans mon esprit de faire partir du foyer la victime pour voir revenir au foyer les deux agresseurs. Cela les maintiendrait dans une position de toute-puissance et donnerait un curieux message aux autres mineurs du foyer. Il est donc impératif que la justice passe et signifie la loi. Du commissariat, je dois emmener immédiatement la victime aux UMJ (unités médico-légales et judiciaires) de l'hôpital afin de finaliser la procédure pénale. Après examen, le médecin lui accorde 3 jours d'ITT (interruption temporaire de travail). À l'issue de la garde à vue, les deux jeunes sont déférés devant leurs juges respectifs. Ils seront placés en centres éducatifs fermés. La pression retombe, M. est enfin soulagé, son calvaire a pris fin.

Le fléau dans ces établissements reste bien celui de la consommation et de trafic de stupéfiants. Une véritable chasse quotidienne y est faite. Soit par des actions de sensibilisation à dimension sanitaire par exemple avec le partenariat d'associations spécialisées dans les addictions mais aussi par une forme de répression. Il s'agit de la confiscation de produits et la rédaction de notes d'incidents en direction des magistrats. La rétention de produit est souvent délicate car elle peut générer une réaction agressive, voire violente, du mineur.

Mais lorsque les éducateurs constatent une augmentation de cette consommation et que la prévention ne suffit plus. La police est amenée à intervenir. Le berger malinois saute de la voiture, il est encordé au maître-chien. Les deux font une paire indissociable. Ce matin-là, la brigade cynophile « fait une descente au foyer ». Les policiers sont en nombre. Tous les jeunes sont levés en même temps, il est 7h du matin. Ils sont postés au garde-à-vous devant leur chambre. Le chien passe de chambre en chambre, il visite également l'ensemble du foyer : toilettes, salle de sport, salle de séjour, laverie, jardin, rien n'est laissé au hasard. L'intervention dure une demi-heure. Les chambres sont fouillées et passées au crible. L'officier de police judiciaire décide des gardes à vue si cela s'avère nécessaire et en fonction de ce que la fouille générale donne. Ce genre d'action « coup de poing » permet pendant quelques semaines le retour à une situation plus sereine. Elle a pour but aussi et peut-être, symboliquement, de rappeler le cadre judiciaire du placement lorsque les rappels à l'ordre et les mots ne sont pas entendus par les jeunes pensionnaires.

Ce matin-là, la maîtresse de maison me demande de venir. Lors d'un passage dans une chambre, elle a vu un pistolet de type Paint-ball caché sous le matelas d'un lit. Je saisis l'objet, il est lourd et encombrant. Habituellement et au plus vite, il s'agit d'aller déposer les objets interdits au commissariat. Ce jour-là, le commissariat ne veut pas prendre l'arme. L'agent de police m'explique que sa détention n'est pas formellement interdite pour un mineur. Je me retrouve donc avec le pistolet à ne pas savoir qu'en faire. Je décide de convoquer la mère du jeune pour le lui remettre. Le mineur quant à lui est connu pour sa violence. Je sais que la situation peut être explosive. Le jeune est en fugue, j'ai donné instruction aux éducateurs de ne pas le laisser entrer sans s'assurer de ses intentions, car je sais qu'il va revenir pour chercher ce qui lui appartient. Il leur est fait consigne d'appeler la police s'il se présente la nuit, dans l'attente de mon rendez-vous du lendemain.

Je reçois la mère en premier lieu et lui explique le fait que je dois lui remettre l'objet. Le garçon quant à lui s'y oppose et devient agressif, comme je l'avais imaginé. Alors que je tends le pistolet à la mère, le fils saute sur celle-ci, et la violente pour récupérer son bien. Mon collègue et moi nous jetons dans la mêlée. Le mineur est très violent, il frappe, il se saisit de l'arme et la lève comme pour me porter un coup sur la tête. Je fais face, il baisse son bras. Les minutes de lutte sont longues. Mon collègue voit le pistolet lui frôler le visage pour s'écraser contre le mur derrière lui. J'arrive à me détacher de la mêlée et appelle la police. Un équipage arrive très vite, ils sont deux. Ils dégainent leur arme de service et intiment au mineur de lâcher son revolver. De loin, ils pensent à une arme véritable. Le temps dure, le mineur est finalement plaqué au sol et est désarmé. Il est placé en garde à vue. Étrangement, le parquet ne donne pas suite et le libère au bout de 24h : il doit réintégrer le foyer. Peut-être parce que nous sommes un week-end ? Parfois les décisions des magistrats laissent pensifs. Je trouve une orientation en urgence car il est impensable pour moi, de voir revenir le jeune dans ces conditions, d'autant que c'est le même collègue qui travaille seul le lendemain. Le mineur est finalement conduit pour une semaine dans un autre établissement. Là-bas, il frappe le chef de service et sera finalement placé en centre éducatif fermé. À de nombreuses reprises, l'intervention rapide de la police, que ce soit la brigade anticriminalité ou police secours, est providentielle. C'est ce jeune avec un couteau de 40 cm retrouvé dans sa chambre ou cet autre avec un revolver 9 mm caché sous son oreiller. À chaque fois, l'intervention policière aura sans doute permis d'éviter un drame. Mais parfois il faut agir dans l'urgence. Ce soir-là, un des jeunes confie aux éducateurs qu'un autre détient une arme à feu sur lui. Les éducateurs intiment au jeune de leur remettre le pistolet, mais celui-ci refuse. Il fait mine de vouloir s'en servir. Il faut alors immédiatement plaquer au sol le jeune, peut-être au péril de sa vie, afin de le désarmer et appeler les forces de l'ordre. Je maintiens que ce type de structure doit pouvoir travailler en partenariat et bonne intelligence avec la police. De nombreux exemples démontrent que l'intervention de celle-ci participe aussi à la bonne marche de ces établissements. Lorsque les mots de l'éducateur ne font plus sens, et que les situations sont comme au bord du vide, le rappel fort à la loi paraît, au moins transitoirement l'ultime recours incontournable.

19

L’école et le crime

Très tôt et déjà en formation, j’oriente mon travail de mémoire nécessaire à l’obtention du diplôme d’état d’éducateur vers la question de l’école et plus précisément sur la problématique de la violence au sein de cette institution. La protection judiciaire intervient en milieu scolaire, soit par l’intermédiaire de sessions d’informations en direction des mineurs de collèges par le biais d’une exposition intitulée « l’exposition 13-18, questions de justice », soit par un dispositif nommé « classe relai », qui est dirigée par un binôme constitué d’un éducateur et d’un professeur. Il s’agit là de tout petits effectifs avec un programme adapté qui vise à réintégrer dans le dispositif de droit commun scolaire les mineurs les plus en difficulté.

Mais tous les jeunes n’en profitent pas et le plus souvent il existe peu de solutions scolaires adaptées aux mineurs pris en charge par la protection judiciaire de la jeunesse. Et tout comme avec l’administration pénitentiaire, il arrive que l’on voie poindre une incompréhension de culture professionnelle entre ces deux institutions. De manière générale, les perturbateurs en milieu scolaire génèrent assez rapidement l’idée d’une exclusion qui mûrit à petits pas et qui se concrétise au seizième anniversaire de ces derniers par une éviction définitive. Entre-temps, nous aurons pu concevoir des emplois du temps adaptés ou des conventions de mise en stage. Mais là encore, la pénurie de lieux de stages conduit à ne trouver que très peu de solutions.

Bien souvent ces jeunes sont ainsi rescolarisés dans des établissements qui ne leur conviennent pas particulièrement, que ce soit par rapport à la filière ou bien par rapport à leur classe d'âge. C'est ainsi souvent l'échec qui est constaté ou qui se poursuit. Je pense que la question de l'insertion est centrale pour ces jeunes et qu'il serait souhaitable d'établir des réseaux d'entreprises à dimension humaine constitués d'artisans qui seraient particulièrement sensibilisés à ce public et qui pourraient par exemple recevoir une aide spécifique de l'état pour prendre en charge ces stagiaires un peu plus particuliers. De fait, les mises en stage, lorsque l'on a la chance d'en trouver, se soldent malheureusement souvent par des ruptures, soit du fait de l'employeur soit du fait du mineur lui-même.

Ici c'est un jeune qui vole le véhicule des espaces verts de la mairie pour laquelle il effectue un travail d'intérêt général, là c'est un autre qui subtilise un ordinateur ou la recette du mois du coiffeur chez qui il est en formation. Inutile alors de dire combien cela reste difficile de trouver une insertion pour ces mineurs. Certes, je constate aussi des réussites - et heureusement - mais il existe là une carence en termes de professionnalisation de lieux de stage et d'insertion pour ces jeunes.

Je noue une relation amicale avec un « patron », ici avec un garagiste, ancien mineur délinquant qui est le seul à maintenir le jeune G… dans sa formation. Là, c'est un plombier. Mais, souvent, c'est une forme d'opportunité ou de réseau personnel qui permet la mise en situation de travail. Finalement, très peu d'alternatives peuvent être proposées par l'école à des adolescents qui rejettent tout dispositif scolaire. Même avec la mise en œuvre d'organismes plus spécifiques comme les centres d'information et d'orientation (C.I.O.), ces mineurs n'y ont que peu accès du fait de leur inconstance dans la durée. Le sursaut scolaire repose avant tout sur leur capacité de résilience et/ou une rencontre de hasard avec un professionnel qui est charismatique à leurs yeux.

J'ai souvent été amené à accompagner tel ou tel mineur dans un conseil de discipline ou dans des rendez-vous de « recadrage » avec les proviseurs et les maîtres d'apprentissage, et il n'est pas rare de se confronter à la même problématique autour de la discipline et du rapport à l'autorité. L'école et le crime ne font donc pas bon ménage.

Le petit collège de province, en banlieue bordelaise, m'accueille ce matin-là pour une intervention au sein d'une classe de 6e. Les élèves ont préparé des questions sur la justice des mineurs. Je suis toujours étonné de l'intérêt porté par les enfants sur ce sujet. L'école est un microcosme lui aussi fait de justice et d'injustices et, souvent d'ailleurs, les élèves rapportent un sentiment d'injustice vécue du fait de l'institution scolaire que ce soit dans les remarques, les notes ou la gestion des conflits par les adultes.

Les questions fusent entre autres, sur la violence, la prison, la police, les pulsions sexuelles criminelles. Il faut alors déconstruire un certain nombre de représentations. Les enfants apprennent par exemple avec étonnement que tous les citoyens peuvent porter plainte contre les forces de l'ordre s'ils s'estiment lésés. La police est en effet souvent vécue dans ces quartiers comme une force toute puissante et autoritaire à laquelle le citoyen doit d'abord se soumettre, voire se plier. À cette croyance et, sans doute en son corollaire, se développe la loi du silence et la peur des représailles lorsqu'une infraction est commise dans le quartier. Combien de fois ai-je vu un jeune se laisser accuser à la place d'un autre du fait de cette omerta.

F. est ainsi incarcéré pendant plusieurs mois avant que la justice ne se rende compte de son erreur. Emprisonné pour rien, ni lui ni ses parents ne souhaitent réclamer réparation du préjudice subi, car ils estiment que cela est avant « source de tracas ». La question des délits de faciès est posée également, ce qui me rappelle cette expression courante des parents lorsque je les reçois à mon bureau et qu'ils m'expliquent « qu'on me l'a enlevé !» en parlant de l'arrestation de leurs enfants par la police. Il existait autrefois un « référent-police » dans les quartiers. Celui -ci participait aux réunions, dites de cellule de veille, organisées par la Mairie. Il était l'interlocuteur des gardiens d'immeuble, des éducateurs de rue, des bailleurs sociaux, des familles et des jeunes. Son rôle permettait une interface avec les services de police. Il permettait bien souvent le dialogue, l'explication et conduisait à désamorcer les conflits. Malheureusement, ce dispositif a été supprimé. Pourtant, la police de proximité fait partie des solutions pour apaiser les quartiers. Elle permet d'empêcher l'instauration d'une forme de mentalité guerrière qui oppose deux camps adverses : les jeunes et la police. P… a eu les deux dents de devant cassées lors de son arrestation. Il ne voudra jamais porter plainte, pas davantage ses parents. Car si la police est de manière extrêmement professionnelle dans son action, il existe malheureusement quelques exemples de violence à relever. Je pense à cette réflexion des policiers des geôles du palais de justice où j'interviens pour accompagner trois mineurs déferrés et qui me lancent à la volée : *« vos trois Fingers sont arrivés, il faudrait les remettre dans leur pirogue ! »*.

Le petit garçon n'aimait pas l'école. Cette école, il le sait maintenant, était une institution violente. Les brimades, les moqueries, et les violences physiques des maîtres y étaient quotidiennes. Il revenait à la maison avec les joues bleuies ou rougies par l'action des pinçages de la maîtresse. Et il voyait ses camarades recevoir de grandes claques sur la figure. Ce temps pourtant n'est pas si éloigné. Un jour un élève est traîné sur plusieurs mètres par le directeur dans le couloir et au passage, se trouve volontairement envoyé contre les portes des classes. L'institution, lorsqu'elle adopte des relents de dictature, ne peut que générer chez certains enfants un mode de comportement de rébellion et de refus de l'autorité. De manière générale, je pense que les institutions peuvent porter en elles une violence qui, elle aussi, nourrit la violence. L'humiliation vécue, ou ressentie, l'estime de soi dévalorisée, qu'elle soit exercée au cœur des familles ou au sein des institutions, ne peut qu'engendrer chez l'enfant une forme de destructivité, un sentiment d'être différent et de n'être jamais vraiment à sa place. L'agressivité peut ainsi servir ou la vie, ou la destruction et la mort [1].

L'école attend avec impatience la venue des éducateurs de justice qui sont perçus comme des spécialistes de l'enfance « à problème », comme des sortes de pompier qui savent lui parler. Alors que la réflexion doit aussi être menée sur la façon dont cette institution gère et prend en charge ces enfants. Quoiqu'il en soit, l'éducateur doit trouver sans cesse des alternatives en matière d'insertion.

Nous voilà à nouveau dans une forme de montage institutionnel qui tente de pallier un « chainon manquant ». Les chantiers éducatifs se font jour, avec leur cortège d'insatisfactions du côté des mineurs. Non qualifiants, ils peuvent pour certains, là encore, être source d'agressivité envers un système qui ne fait pas sens pour eux. Il peut ainsi arriver que les établissements publics, ou leurs personnels, soient la cible du penchant à la destructivité chez ceux qui se sentent rejetés par le système scolaire dans sa dimension intégrative.

Ce matin, j'emmène trois jeunes à l'atelier mécanique. J'ai « monté » cet atelier avec « les moyens du bord » et j'ai réussi à recruter un mécanicien à la retraite. Il faut être toujours attentif à l'utilisation des outils. Un inventaire est réalisé avant et après l'atelier. Ainsi, en dehors de tout cadre scolaire, les jeunes apprennent les rudiments de la mécanique « deux roues ». Aujourd'hui, nous leur apprenons à souder, demain nous aurons certainement un moteur à démonter. Le cœur du métier d'éducateur est là. Il faut repartir loin en arrière pour, dans ce cadre, leur apprendre à être l'heure, à s'habiller avec les cottes de travail, à respecter les consignes, à être attentifs. Ce n'est qu'au bout d'un certain nombre de séances que nous pourrons peut-être tenter d'en remettre quelques-uns dans le droit commun de l'insertion. Certains y arrivent et vont jusqu'au bout de leur formation, grâce certainement à la pugnacité des éducateurs qui auront entrepris ce long parcours à leur côté.

---

1. E. FROMM, *Le cœur de l'homme : sa propension au bien et au mal*, Ed., Payot, 1979, 214 p.

Bien que des conventions nationales soient passées entre la PJJ et l'éducation nationale, je vois peu de dispositifs concrets mis en œuvre sur le terrain. Et c'est donc souvent dans une forme de « bricolage » que nous tentons l'insertion de ces jeunes.

Dans un idéal, nous pourrions imaginer la mise à disposition d'enseignants dans nos établissements de placement par exemple, ou encore recruter massivement des éducateurs qui bénéficient de compétences professionnelles et qui pourraient avoir la possibilité de former les mineurs dans un dispositif d'équivalence de diplômes qualifiants. Ainsi, il serait loisible de renouer avec la grande idée de Fernand DELIGNY et de ses éducateurs-ouvriers. Rien de cela n'existe malheureusement. Et les professeurs techniques à la PJJ ont presque disparu.

Je revois Henri, à mes débuts, professeur technique en maçonnerie chez qui j'amenais des jeunes à la découverte des métiers du bâtiment ou Jacques, au cœur de son atelier mécanique auto. Je les ai vus disparaître, là encore et sans doute pour des raisons de choix économiques. J'ai encore la photo d'Henri lorsque, seul dans les années 1960, il dirigeait son atelier qui prenait en charge une vingtaine de mineurs. Ce temps-là est révolu. Désormais face à l'inadaptation de certains jeunes au système scolaire, c'est bien souvent et uniquement la réponse pénale qui est apportée, pressée par le feu médiatique des faits divers perpétrés en milieu scolaire.

Il en est ainsi, par exemple, de la circulaire du garde des Sceaux en date du 30 avril 2024, qui en réponse aux faits divers commis au sein de l'institution scolaire crée la mesure d'intérêt éducatif (M.I.E) en direction des jeunes âgés de 13 à 16 ans. Cette mesure vise certains actes de délinquance et notamment ceux de dégradations commis en lien direct ou indirect avec l'éducation nationale. Il s'agit d'apporter une réponse judiciaire rapide, qui vise à prévenir la réitération de l'infraction, tout en impliquant les représentants légaux. Elle prend la forme d'un stage de citoyenneté ou de formation civique par le biais aussi d'une activité de réparation, d'une réflexion sur le vivre ensemble ou d'une action de soutien pédagogique et éducatif.

En réalité, cette circulaire n'apporte absolument rien de nouveau aux dispositifs déjà existants qui sont déjà mis en œuvre par la justice des mineurs. Cela donne l'impression qu'en réponse à l'émotion de la société civile, le politique se doit de démontrer une forme d'action ou de réaction, qui en réalité illustre peu ou pas de réelle mise en mouvement de l'action publique. Face à la vacuité des dispositifs étatiques, et pour ceux des jeunes qui refusent l'institution scolaire, c'est bien souvent en s'appuyant sur la capacité de résilience de l'adolescent et sur la capacité des « éducateurs-artisans » à bricoler une prise en charge que l'objectif de réinsertion est atteint.

Nicolas sonne à la porte du foyer, il demande à ce qu'on lui ouvre le portail. Il gare sa voiture dans la cour. Bien habillé, il descend du véhicule et se dirige vers moi. Nous avions réussi à lui faire passer son permis de conduire en contrepartie de son assiduité à fréquenter le centre d'action de jour [1] de la protection judiciaire de la jeunesse. Son passé délinquant est définitivement derrière lui, il exerce la profession de chauffeur de taxi. Fier de nous montrer qui il est devenu, avec son outil de travail, il vient, ce jour-là, remercier l'équipe éducative.

1. Les unités d'activité de jour prennent en charge les mineurs en vue de l'élaboration d'un projet d'insertion et de les remobiliser sur le plan scolaire et professionnel.

20

Graines de crapules [1]

L'éducation et la réhabilitation d'un mineur prennent du temps. Dans une époque où tout doit aller vite et où les réponses aux problèmes sociaux s'expriment dans une forme de précipitation irréfléchie, le travail éducatif a de plus en plus de mal à s'exprimer et à se dérouler. Il faut des résultats immédiats. Le jeune délinquant doit en un temps record reprendre le droit chemin. Il en va de la crédibilité du politique. L'enfant est ainsi « adultérisé », adultéré.

Cette injonction fait fi du temps de la construction de l'adolescent et peu à peu semble oublier qu'un être, dès son plus jeune âge, reste un individu en devenir. L'action éducative ne peut pas se juger, ni se jauger dans l'ici et le maintenant. Mais ce que je sais, c'est qu'elle a un impact, souvent à moyen ou long terme sur l'avenir d'un enfant. Les statistiques sont difficiles à établir. Le passage en établissement de placement est transitoire et une fois celui-ci terminé, il est rare de pouvoir suivre la trace du mineur. C'est le même constat en milieu ouvert où, une fois les mesures éducatives épuisées, il est assez difficile de savoir ce que le jeune est devenu.

---

1. F. DELIGNY, *Graines de crapules. Les vagabonds efficaces*, *op. cit.*

Le travail de l'éducateur n'est donc pas conditionné à la réussite de l'action. L'éducateur n'a pas d'obligation de résultat, mais il doit mettre en œuvre tous les moyens à sa disposition pour faire en sorte de donner le maximum de chances au jeune de s'en sortir. C'est cette combativité, le fait de se démener pour un mineur qui fera peut-être écho chez ce dernier, quel que soit le résultat de l'action éducative.

L'éducateur ne peut pas se souvenir de tous les jeunes qu'il a pris en charge durant sa carrière mais, à l'inverse, il faut œuvrer pour que le mineur ait gardé en lui le souvenir de « son » éducateur. Ainsi au détour d'un service éducatif, d'une prison, d'un palais de justice, ou d'une rue, c'est le jeune, devenu adulte, qui vient à la rencontre de celui qui lui aura laissé une trace mnésique. « Les graines de crapules » grandissent, poussent, et souvent plus droit qu'on ne le pense !

Ce jour-là, j'ai rendez-vous avec un agent municipal pour aller chercher l'exposition « questions de justice » entreposée dans un vieux bâtiment de la mairie. Je salue la personne, nous discutons et je lui explique l'objet de ma venue et mon métier. À l'évocation de mon travail, d'un seul coup je vois dans ses yeux, alors qu'il prend attache avec la réalité qui nous entoure, une sorte de révélation. Son regard s'illumine presque. Quelque chose vient de percuter sa mémoire. Il se souvient, tout rejaillit d'un coup. Il avait occulté ce moment de sa vie, ce lieu. Il me raconte.

Ses souvenirs sont là, palpables maintenant. Cette maison, cette vieille bâtisse, rachetée par la mairie, c'était « son foyer ». Nous voilà, lui et moi, emportés dans les bribes de sa souvenance.

À la façon d'un collectionneur de cartes postales, l'homme pose les images devant lui. Maintenant bout à bout, c'est une partie de sa vie qui se reconstruit sous nos yeux. Il me parle des Noëls passés ici, avec les autres enfants. Certes, il n'en a pas un souvenir très heureux, car bien sûr, se rappeler du foyer, c'est aussi se rappeler les raisons familiales qui l'ont amené à vivre en cet endroit et non chez ses parents comme la majorité des enfants. C'est en « oubliant » ce passé familial que le foyer avait lui aussi disparu dans la traînée de l'effacement inconscient. Sans en avoir un mauvais rappel, il m'explique que les gens, les éducateurs étaient « gentils ». Cela l'avait marqué, car petit, il n'avait pas vraiment connu d'adultes attentionnés et à son écoute. Notre discussion dure comme ça un long moment puis nous nous séparons. Je vois partir la silhouette de cet homme, tout chamboulé par notre rencontre.

Le temps est l'allié de l'éducateur et j'ai souvent l'occasion de dire que le temps judiciaire, n'est pas le temps éducatif. Ainsi, aux injonctions du corps social qui résument la réponse à la délinquance par la fermeté systématique et l'enfermement, ou qui veulent le changement chez l'individu en l'espace de quelques semaines, je renvoie à mes expériences de hasard, ici est là, qui démontrent à elles seules le fait que l'action éducative est efficace « à retardement ». Quand elle ne l'est pas immédiatement ou à court terme.

Le jeune L… est un « escroc ». Sa spécialité consiste à tromper les gens pour leur soutirer de l'argent. Très intelligent, il est capable de se revêtir d'un beau costume, faire de fausses cartes professionnelles à partir d'internet pour se faire passer ici pour un employé du service des eaux, où là pour un agent de la direction de la répression des fraudes.

Il est placé au foyer pour avoir réussi à pénétrer dans le palais de justice, avoir revêtu la robe d'un magistrat et faire pendant la nuit le semblant d'un procès. Très imbu de sa personne et condescendant avec les éducateurs, il ne fait pas l'unanimité chez les professionnels mais son aura est palpable auprès des autres mineurs. Il cultive une forme de dandysme qui peut le rendre assez désagréable. Un soir, nous sommes à table, et comme à son habitude, L… critique la cuisine et le menu du foyer. Je m'emporte à son égard et avec méchanceté lui fait comprendre qu'il doit déjà être heureux de pouvoir manger à sa faim, et notamment de la viande. Puisque, au vu de sa situation, il n'est absolument pas sûr qu'il puisse subvenir, un jour, à ses besoins futurs. Renfrogné, L… finit son assiette et monte se coucher.

Il quitte le foyer quelques semaines plus tard, et je n'entends plus parler de lui. Puis, un an après, un matin, je reçois au foyer une lettre : *« pour l'éducateur olivier »*. J'ouvre la missive. C'est

L… qui m'écrit : *« si je ne mange toujours pas de viande, j'ai opté pour le poisson. Vous trouverez ci-joint la photocopie de ma carte bancaire « gold » que vous ne pourrez certainement jamais vous offrir. Je suis maintenant responsable d'un restaurant gastronomique dont je vous envoie ici la carte »*. Était-ce là une nouvelle manœuvre de l'escroc ou bien mes mots avaient-ils eu un réel impact sur son devenir ? Je ne le saurais sans doute jamais, mais en refermant le courrier je me contentais de choisir la seconde option.

Comme chaque semaine, je me rends à la prison pour mineur. Cela devient comme un automatisme, je suis dans une sorte de léthargie. Tout en conduisant, je prépare mon entretien avec le jeune que je vais visiter. La prison est à une heure de route, ce qui me laisse tout le loisir de réfléchir aux sujets que je vais aborder. Cette situation n'évolue guère, le mineur ne semble pas avancer dans sa perception des faits et de sa situation. Je ne sais pas comment provoquer chez lui une forme de déclic. Certains de ces jeunes se placent d'entrée de jeu dans une forme de fatalisme et il est très difficile de leur faire croire en un possible avenir meilleur. Au-delà de cette réflexion, je ne peux que constater l'absence totale d'envie et de désir chez eux. Le travail éducatif part ainsi de « très loin ». Ils n'ont envie bien souvent de rien et ne se projettent pas. C'est là tout l'enjeu : faire naître chez eux une pulsion de vie qui sera le moteur de leur existence. En réalité, l'acte délinquant peut être considéré comme venant pallier ce vide, le combler, lui donner aussi un peu d'adrénaline mais aussi peut être, dans certains cas, constituer un appel à la vie.

Je suis dans mes pensées lorsque je passe la barrière du parking de la prison. Je n'y fais pas attention en premier lieu, mais un camion de livraison opère à ce moment-là le ravitaillement de l'établissement pénitentiaire. Je sors du véhicule et m'approche du « bocal ». C'est comme cela que l'on appelle le lieu de contrôle des entrées et des sorties de la maison d'arrêt. Je prépare ma carte professionnelle et je me laisse le temps d'allumer une cigarette, car je sais que cela ne sera plus possible une fois entré en détention. Le chauffeur livreur du camion vient à ma rencontre : *« t'es éducateur ? »*, me lance-t-il.

Je réponds par l'affirmative. *« Tu ne me reconnais pas ? »*. Tout en présentant mes excuses, je réponds par la négative. L'homme se souvient très bien de moi, je l'ai connu en foyer. Il est fier de me présenter sa situation professionnelle et de me dire qu'il s'en est sorti grâce au foyer. Je suis rasséréné et pénètre dans l'enceinte de la prison pour aller voir « mon client ». Les exemples de ce type sont nombreux. Je sais que S… me cherche là où je travaille pour me remercier. C'est encore J-P… qui me rend visite au foyer avec son véhicule qu'il gare dans la cour. Il vient donner de ses nouvelles. Il a « monté » son entreprise de déménagement, ce qu'il souhaitait faire lorsqu'il était placé au foyer. Il donne aussi des nouvelles des anciens. Untel n'a pas réussi à s'en sortir, untel est marié et travaille, un autre est devenu papa. Il arrive plus souvent qu'on ne le pense que les « graines de crapules » crèvent pour donner naissance à des fleurs.

21

Eulenspiegel [1] et le bouffon du roi

Tout au long de cet ouvrage, j'ai pu démontrer les difficultés et les défis que pose la question de la délinquance des mineurs. Il est évident de comprendre la complexité de la tâche lorsque les acteurs souhaitent améliorer le sort de ces jeunes et éviter par la même occasion que ces derniers ne sombrent dans des travers qui nourrissent une forme de vulnérabilité sociétale.

Il est néanmoins indispensable d'aborder cette question comme une forme de reflet de la société à un moment donné. En effet, l'écueil consiste à considérer ce phénomène social comme détaché, isolé et en quelque sorte autonome. Dans cette ornière, les réponses qui lui sont apportées sont uniquement guidées par le sensationnel, l'émotionnel, parfois l'irrationnel, et souvent relayées par le corps politique. Dans cette acception, les solutions seraient simples, rapides et efficaces. À l'« ensauvagement de la société », il suffirait d'apporter ou de restaurer voire de « réarmer » l'autorité, par la force et la rigueur d'une main qui ne tremblerait pas.

---

1. Trad., P. JANNET, *Les aventures de Til ULESPIEGLE*, Ed. Scripta Manent, 1929, 248 p. : par ses farces, Eulenspiegel ridiculise les travers de son époque et les abus de son temps. Il lutte ainsi contre l'ordre établi et les puissants dont il se moque. On ne peut dire s'il est fou ou sage. Mais ses aventures exposent et critiquent la réalité de ses contemporains.

Mais c'est ici nier toute l'approche sociale et psychologique qui doit guider l'action du « traitement » de la délinquance des mineurs. Et de considérer que la France, en particulier, semble se caractériser par une forme d'amnésie sociale et politique, relativement à l'ensemble des travaux sur ce sujet. Ainsi le cumul des savoirs sociologiques, anthropologiques, psychologiques, voire juridiques, disparaît au profit de l'écho émotionnel, totalement désorganisé, produit par les faits divers les plus graves. Dans cette perspective, le mécontentement du corps social induit par un contexte politique et économique difficile s'oriente vers la désignation d'un « coupable » : ici le jeune délinquant. Nous vivons en réalité aujourd'hui dans un climat déjà bien connu et décrit par les sociologues dans lequel l'édification d'un bouc émissaire permet de souder un groupe social autour d'un projet politique.

La matière n'est donc pas simple par nature, et de surcroît dans toutes les imbrications qu'elle entretient malgré elle, entre le politique et le corps social. Cette difficulté se décline aussi au plus près des prises en charge. Car par nature, les problématiques rencontrées viennent heurter les institutions et les relations inter-institutionnelles. Comme je l'ai évoqué, des institutions qui ne se connaissent pas doivent apprendre à travailler ensemble. C'est le cas de la justice avec la psychiatrie ou avec l'école par exemple. Les professionnels de ces institutions ont le devoir de réussir à se connaître entre eux et de s'autoriser à travailler de concert afin d'œuvrer dans le même but.

Il faut bien admettre aussi qu'au sein même de l'institution qui prend en charge ces jeunes les choses sont difficiles à gérer. Les orientations de politique générale sont amenées à changer régulièrement, ce qui engendre une nécessaire adaptation permanente des personnels qui pose, à terme, la question des moyens humains et financiers dédiés à la prise en charge de ces mineurs. Je l'ai écrit, le travail en équipe est complexe, car il s'agit d'accorder des personnalités très diverses autour d'un projet commun. Ainsi, si on ne peut pas résumer les difficultés de prise en charge au sein de l'administration uniquement par une déclaration de principe sur un éventuel manque d'argent public ou de fonctionnaires, il est d'évidence que la difficulté vient aussi de l'approche managériale menée par cette administration.

À compter de 2010, la protection judiciaire de la jeunesse connaît une restructuration massive de ses institutions dans le cadre d'une redistribution de ses moyens. Des unités sont donc fusionnées, déplacées, fermées. Il s'agit, avant tout de faire des économies. Un directeur de service peut désormais être à la tête de plusieurs unités qui parfois sont très éloignées géographiquement les unes des autres. Dans ce contexte, le corps administratif des « responsables d'unités » est créé à son tour. Il est présenté comme le premier échelon hiérarchique qui dirige une unité.

J'embrasse cette fonction en 2010 après avoir exercé pendant 15 ans le métier d'éducateur de terrain. Ma volonté est guidée à ce moment-là, par l'idée que je vais pouvoir orienter les choses et avoir une certaine maîtrise au niveau d'une unité sur les prises en charge des mineurs.

Mais après une quinzaine d'années d'exercice de ce « nouveau » métier, il convient de noter que depuis la création de ce corps intermédiaire, les difficultés n'ont eu de cesse de s'accentuer. Et cela pour deux raisons majeures.

La première tient à la répartition des rôles entre le responsable d'unité et le directeur de service. Les fiches de postes sont assez claires, puisque le responsable est tenu d'« organiser » le service, alors que le directeur, lui, doit « contrôler et être garant » de ce que le responsable d'unité a organisé. Ainsi, peu à peu, au fil des années, et alors que ce doublon de cadres devrait travailler en collaboration dans une ligne hiérarchique horizontale, le rapport entre les deux s'est vu de plus en plus prendre la forme d'un rapport hiérarchique vertical qui conduit le responsable d'unité à rendre systématiquement des comptes sur sa propre organisation. Cela ne serait en soi pas une difficulté, si à l'opposé, il n'était pas en situation de solitude face à l'équipe éducative.

Ce constat oblige à admettre le fait que le responsable se trouve souvent dans une position intenable, faite d'isolement professionnel, et qui se traduit par le constat suivant : devoir répondre en permanence aux injonctions de sa hiérarchie, tout en « absorbant » l'injonction de répondre, de la part des équipes éducatives, sur le fonctionnement et/ou le dysfonctionnement institutionnel de l'administration. Le mal être des cadres intermédiaires est connu et a été décrit à de nombreuses reprises, mais ne semble pas recevoir aujourd'hui l'écoute administrative nécessaire à cette souffrance au travail.

La seconde raison, qui conduit aux difficultés de mise en œuvre de l'action éducative, tient au recrutement des directeurs de service ou plutôt à leur formation. Cette dernière est axée vers un modèle du résultat, qui la plupart du temps s'illustre dans un management essentiellement vertical et autoritaire. Il est le fait de jeunes professionnels, très souvent extérieurs à cette administration, qui ont passé un concours externe. S'ils sont très bien formés aux questions de gestion et de responsabilité, ils sont souvent sans expérience et se trouvent parfois immédiatement en difficulté dans leur rapport aux mineurs ou aux professionnels. De fait, ces cadres ont l'obsession de tout faire pour se déresponsabiliser dans une société qui se veut de plus en plus judiciarisée et dans laquelle la théorie du risque s'est tellement diffusée qu'elle rend presque impossible la spontanéité et l'innovation dans l'action éducative. Finalement, ces responsables s'usent presque en permanence à se déresponsabiliser. En outre, le défaut d'expérience chez ces derniers conduit à générer un sentiment de méfiance ou même de défiance chez les éducateurs et à étouffer toutes actions innovantes, créant de la sorte une forme de sclérose de l'institution.

En outre, il existe une véritable culture, une façon d'être, ainsi qu'un rapport à la hiérarchie propre à l'éducateur. Nombre d'institutions connaissent ainsi des dysfonctionnements du fait de l'impossibilité à travailler ensemble, entre les cadres eux-mêmes, entre ces deux profils si différents et parmi lesquels le responsable d'unité est souvent un ancien éducateur, mais aussi entre les cadres et l'équipe éducative.

L'autorité dans ces établissements se gagne non pas sur le statut des uns et des autres, mais surtout sur la légitimité que les éducateurs accordent à leur « manager », laquelle prend le plus souvent racine dans l'expérience professionnelle vécue chez ce dernier. Ce constat a cependant son revers, puisque le responsable d'unité gère en réalité dans la solitude et à lui seul l'institution, alors même qu'il est en proie à une pression institutionnelle descendante permanente. Il n'est pas rare, dans ces conditions, de voir cet agent devenir de manière certainement inconsciente le souffre-douleur ou le symptôme d'une administration qui fonctionne dans le dysfonctionnement. La preuve en est qu'il se trouve mis presque malgré lui à toutes les places afin de pallier les lourdeurs administratives mais surtout dans le but de permettre contre vents et marées la continuité du service public.

Par la force des choses, le responsable d'unité use son énergie à se débattre au sein de son administration mais aussi en dehors de cette dernière, auprès de ses partenaires institutionnels, afin de faire toujours primer sa mission quitte parfois à en perdre crédit et légitimité. Il est responsable, certes, mais « en creux ». Sa responsabilité se limite à rendre des comptes tout en ayant au final très peu de latitude pour prendre des décisions sans l'aval de son supérieur hiérarchique. Dans un contexte où il peut se sentir prisonnier, il peut prendre le parti de tourner les choses à la dérision et tenter, à la façon de Till l'espiègle, d'adopter une posture philosophique sous la forme d'une contestation cynique afin de dévoiler tout l'irrationnel de sa situation professionnelle.

Tantôt gestionnaire du budget, tantôt responsable de la mise en place des emplois du temps des éducateurs, des admissions des mineurs. Il est aussi garant de la qualité de la prise en charge des jeunes, responsable de l'hygiène et de la sécurité de l'établissement, des travaux, des véhicules administratifs, des situations qui relèvent des ressources humaines, des commandes alimentaires et matérielles, de l'organisation des camps et des séjours. Il est garant des écrits professionnels, de la qualité des relations avec les partenaires, les familles, les magistrats. Il peut aussi être à l'initiative de partenariats nouveaux, de projets. Il est très souvent d'astreinte les nuits et les week-ends et voit peu à peu sa vie personnelle se perdre dans les méandres administratifs qu'il démêle chaque jour, sans avoir véritablement de latitude dans son action puisqu'il constitue uniquement un maillon au cœur d'une chaine hiérarchique.

Il est donc assez compréhensible de mesurer la difficulté à gérer une équipe de travailleurs sociaux lorsque la direction des établissements se trouve déjà dans ce type de difficultés. D'autant que le travail en équipe n'est pas chose facile. Il faut composer avec chaque individualité, et les théories managériales sont bien souvent ici inopérantes.

Elles le sont pour plusieurs raisons. En premier lieu parce que par nature, un groupe d'éducateurs doit faire avec tout ce que lui renvoie de difficultés et de violences la prise en charge d'un groupe de jeunes difficiles avec lesquels il vit au quotidien. Mais aussi, et en second lieu, parce que cette mise en présence de professionnels conduit à un jeu de places et de rôles qui a été largement décrit et qui puise dans l'analyse psychanalytique [1]. Alors, dans un tel contexte de travail, il ne reste bien souvent plus au responsable d'unité qu'à se résoudre dans le fait de troquer son costume d'espiègle Eulenspiegel [2] afin d'endosser celui de bouffon du roi.

1. Didier ANZIEU, *Le groupe et l'inconscient. L'imaginaire groupal*, Ed. Dunod, 1975.

2. *Les aventures de Til ULESPIEGLE*, *op. cit.*

22

Crime et châtiment : Une question de discernement

« Ces cris étaient poussés d'une manière suppliante, il avait les larmes aux yeux, le pauvre enfant. Je ne fus point ému. Loin de m'attendrir, ces supplications ne faisaient que m'irriter davantage. Craignant qu'il ne m'échappât, je cherchai à le frapper n'importe où... et alors, je coupai à l'aveugle avec acharnement ; un flot de sang coula, je rencontrai une légère résistance en avant, et enfin je finis de couper le cou. La tête coupée, je la saisis, fou de fureur, et je l'élevai en l'air triomphalement ; j'écartai légèrement les lèvres, je crois que les dents étaient serrées, je gardai la tête dans les mains une dizaine de secondes. En voyant le regard fixe des yeux, cette pensée, je crois, me vint : comme il sait bien jouer le mort et garder son sérieux, à sa place, je ne pourrai m'empêcher de rire. Alors me vint cette idée : maintenant, je puis mutiler son corps et sa figure, je suis le maître [1,2] *».*

---

1. E. JALLIEU, *Bruno Reidal, l'enfance meurtrière*, Ed. Scènes de crimes, 2007, 223 p.

2. A. LACASSAGNE, *L'affaire Reidal : un cas de sadisme sanguinaire congénital*, Archives d'anthropologie criminelle (A.A.C), 1907, p. 665 s.

L'affaire Reidal défraie la chronique après le meurtre et la décapitation d'un enfant âgé de 12 ans commis le 1er septembre 1905. L'auteur de ce crime, Bruno Reidal, est âgé de 17 ans lors de son passage à l'acte meurtrier.

À l'heure où, de nos jours, les médias semblent se convaincre du fait que la violence des mineurs ne cesse d'augmenter, l'histoire criminelle nous enseigne que des faits divers terribles commis par des enfants ont toujours existé. Cet état de fait historique peut être complété par l'idée que, de manière récurrente, et presque systématiquement la question du traitement judiciaire des crimes commis par des enfants a toujours fait débat.

Aux temps anciens, cette question avait été « réglée » comme précédemment dit dans cet ouvrage, par la conviction judiciaire de ne pas faire de distinction entre un enfant et un adulte dans la sanction à appliquer. Cette conception répondait aussi et en écho au peu d'importance que l'on apportait à l'enfance. Très tôt en effet l'enfant était considéré comme un adulte et la période adolescente était inexistante dans les conceptions médicales ou psychologiques de ces époques reculées. Le crime commis par Reidal est symptomatique de cette politique encore en cours en cette fin de 19e siècle et ce début de 20e siècle.

Reidal n'avait jusque-là jamais fait parler de lui. Tout au plus était-il considéré comme un peu étrange par son entourage scolaire. Septième d'une fratrie de 8 enfants, son père avait été maire de la petite commune de Laurac dans le Cantal. Sa mère quant à elle est décrite comme une femme au penchant alcoolique, acariâtre et violente. Le père décède à l'âge de 57 ans. Bruno est alors âgé de 7 ou 8 ans. Il fait état dans ses écrits asilaires de son parcours depuis l'enfance jusqu'au jour du meurtre. Il décrit avec force de détails le crime et la vie fantasmatique qu'il a enduré jusqu'à la commission de cet acte fatal. Enfant, il est perçu comme intelligent, avec une mémoire visuelle exceptionnelle et se destine à embrasser la carrière de séminariste. De nombreux surnoms lui sont attribués. Il est appelé le « philosophe » à l'école ou bien le « trembleur » par ses maîtres d'école en raison d'une propension à greloter de sa main et à produire une écriture « tremblée ». On l'appelle encore le « miauleur » dans sa famille. Très sensible dès son plus jeune âge, il est particulièrement impressionné par la mise à mort du cochon qui se pratique chaque année dans cette petite campagne.

Il développe des fantasmes de meurtre et pressent une corrélation entre la recherche du plaisir sexuel et le fait de tuer quelqu'un ainsi que de voir couler le sang. Il est victime de visions, de rêves, de persécutions dans lesquelles des squelettes et des cadavres le poursuivent. Bientôt, il se trouve en proie à une lutte intérieure et quotidienne contre ses idées de meurtres. Pour assouvir ses désirs sans pour autant passer à l'acte, il a de plus en plus recours à des fantasmes qu'il bâtit jour après jour. Il s'invente une victime idéale : un beau garçon de préférence, de son âge ou approchant, et s'imagine jouir sexuellement lors de la mise à mort de ce dernier. Il échafaude un scénario criminel dans lequel il assouvit son plaisir sexuel par le supplice de sa victime. Celle-ci sera une connaissance de son entourage, de préférence scolaire, un garçon : *« un camarade que j'aimais, une personne très belle, hautaine, élégante ».*

Il raconte encore avoir subi une agression sexuelle à l'âge de 10 ans et avoir connu l'énurésie jusqu'à ses 14 ans. Et il explique avoir eu l'envie de tuer dès ses 4 ans. Bruno Reidal subit ainsi la tentation du crime et bientôt jette son dévolu sur un camarade de classe qu'il apprécie tout particulièrement, le jeune Blondel. Il se persuade que ce sera sa victime car ce dernier est physiquement le plus ressemblant à celle qu'il fantasme.

Finalement, en ce jour du 1er septembre 1905 et alors que ses idées de meurtre sont de plus en plus fortes, il décide le matin même de passer à l'acte. Contre toute attente, il « choisi » le jeune François âgé de 12 ans qu'il croise par hasard sur son chemin.

Le passage à l'acte est violent, terrible. Et, c'est lorsque la décapitation est effective que Reidal se rend compte de l'horreur de son crime. Il dira d'ailleurs plus tard que c'est « un autre » qui a commis cet acte odieux. Un autre qu'il nomme *« mon autre moi ».*

Aussitôt le meurtre commis, Reidal se précipite à la gendarmerie qui constate toute l'horreur du crime. En cette période, il n'existe pas encore de traitement spécifique de la délinquance des mineurs, tout au plus s'exerce-t-elle dans une réponse carcérale et les bagnes pour enfants. Le droit pénal des mineurs n'est encore pas constitué.

Reidal est expertisé par le célèbre professeur Lacassagne qui indique dans son rapport du 30 décembre 1906 : *« l'examen de l'inculpé et l'étude que nous avons faite de son crime ont montré qu'il ne jouissait pas de la plénitude de ses facultés intellectuelles et morales, de sa raison, de sa liberté et de sa volonté au moment où il a commis le meurtre qui lui est reproché »*. Et de conclure que le mineur est atteint d'un *« sadisme sanguinaire congénital »*. Nous sommes en effet encore à l'époque où la criminalité et ses causes sont recherchées dans certains stigmates héréditaires de « dégénérescence ».

Cependant, cette période marque peu à peu l'ouverture juridique à certains faits justificatifs. Il en est ainsi de l'élaboration de la notion discernement et donc de la question de déterminer si l'auteur d'un crime est en possession de l'intégralité de ses facultés mentales lors de son passage à l'acte criminel. Nous voyons apparaître un semblant de personnalisation et d'individualisation de la peine avec concomitamment la reconnaissance de la responsabilité pénale chez son auteur. Bruno Reidal ne sera pas guillotiné comme il aurait pu l'être s'il avait été majeur au moment des faits. Mais prenant en compte certainement une atténuation de son discernement, la chambre de mises en accusation de l'époque décide de son internement. Reidal meurt dans son asile en 1918.

En ce début d'automne, le 30 septembre 1913, en pays nantais, Marcel Redureau, âgé de 15 ans, est à la tâche avec son patron viticulteur : Monsieur Mabit. Il faut presser les raisins et tailler les ceps de vignes. Ce sera bientôt la pleine saison des vendanges. Alors qu'ils sont affairés autour des vignes, le patron lance une réflexion que le jeune homme juge désobligeante. Marcel se saisit soudainement d'une serpe et tranche la gorge de son patron. De peur d'être dénoncé par le reste de la famille,

Redureau se dirige vers la ferme familiale, où il commet un véritable carnage [1].

Il tue d'abord la bonne de la famille, la grand-mère qu'il égorge dans son lit, puis la femme de son patron alors enceinte et l'éventre. Il déverse ensuite sa colère sur 3 des jeunes enfants dont deux fillettes âgées de 8 et 7 ans auxquelles il coupe la tête. Puis il tue le dernier-né, encore nourrisson à coup de couteau et de marteau. Seul un des enfants échappe au massacre comme « oublié » par le criminel. L'auteur de ce que les journaux nomment « la tuerie de Landreau » tente de se suicider juste après les faits, puis retourne dans sa chambre avant de prendre la route du domicile de ses parents où il est arrêté au petit matin. Marcel Redureau n'éprouve aucun remords et avoue spontanément son crime lorsqu'il est arrêté par les gendarmes le 1er octobre 1913. Il est condamné non à la peine de mort mais à purger 20 ans dans une colonie pénitentiaire. Il y décède le 09 mars 1916 à la suite d'une tuberculose.

Cette affaire doit être mentionnée ici comme la précédente. Il en existe d'autres, comme le crime de Jully où, le 10 décembre 1909, les jeunes Jacquiard et Vienni, tous les deux âgés respectivement de 16 et 15 ans, alors garçons de ferme, massacrent toute une famille d'agriculteurs. Jacquiard sera condamné à la peine de mort puis gracié par le président Fallières et envoyé au bagne à perpétuité en Guyane, tandis que Vienni sera condamné à 20 ans de colonie pénitentiaire. Tous ces faits divers ouvrent un débat de société passionné sur les notions d'excuse de minorité et de discernement qui viennent d'être adoptées en 1912 par une nouvelle loi sur la justice des mineurs.

C'est la même discussion que l'on voit poindre de nos jours au sein de la société civile, des médias et de la sphère politique au regard de faits de délinquance commis récemment par des mineurs. Nous voilà en présence de deux cas d'enfants criminels au début du 20e siècle. Dans un des cas, celui de Reidal, c'est

---

1. L'affaire Redureau, *le crime de Bas-Briacé (1913) : un meurtrier de 15 ans au cœur des complaintes*, Actes du colloque « *Les complaintes criminelles en France après 1870* », Revue Criminocorpus, 17/2021.

l'absence de discernement qui est retenue par la justice avec pour corollaire une atténuation de sa responsabilité en raison de son manque de lucidité. Ce qui le conduit à être interné en asile psychiatrique. Et dans le second cas, celui de Redureau, bien que reconnu responsable et lucide quant à ses actes, il bénéficie d'un traitement propre aux mineurs et est condamné à passer 20 ans en colonie pénitentiaire, ce qui en d'autres temps, portera la dénomination de « bagnes pour enfants ».

Dans les deux cas, il faut concéder une évolution relative à la personnalisation et à l'individualisation de la peine, mais aussi que les sanctions concourent toujours à une forme d'exclusion sociale, illustrant un modèle pénitentiaire concentré autour de la neutralisation de l'infracteur et de la rétribution dans le choix de la sanction. Ce qui n'est plus le cas à notre époque au sein de laquelle le modèle pénitentiaire reste celui de la réparation et de la réinsertion sociale.

En tout état de cause, l'évocation de ces affaires oblige tout naturellement à revisiter la lente évolution de la justice des mineurs sur cette question. Mais pour cela, il faut tout d'abord comprendre qu'en droit pénal, une infraction n'est constituée juridiquement (outre sa matérialité) que si son auteur a commis les faits avec clairvoyance. C'est ce que l'on nomme communément le discernement, c'est-à-dire la conscience d'agir librement, volontairement et avec lucidité, donc d'avoir à l'esprit les notions du bien et du mal.

La loi du 22 juillet 1912 crée un « juge des enfants » et introduit une particularité concernant la justice de mineurs : celle dite de « l'excuse de minorité ». Certes, la notion de discernement pour les mineurs relevait déjà d'une forme d'intuition dans le Code pénal de 1791, mais le Code pénal de 1810 lui, fixe à 16 ans la majorité pénale. La question de la responsabilité des mineurs y est déjà subordonnée à celle du discernement. C'est en 1906 que la majorité pénale est portée à 18 ans tandis que la loi du 22 juillet 1912 instaure les tribunaux pour enfants. La minorité pénale est bornée à l'âge de 13 ans. De 13 à 16 ans, il n'existe pas de spécificités mais les magistrats ont tendance à faire preuve de clémence. De 16 à 18 ans, c'est le régime pénal des majeurs, légèrement atténué, qui fait foi.

La loi du 27 juillet 1942 supprime la question du discernement et l'irresponsabilité pénale des mineurs de 13 ans. Cette loi sera abrogée avant même son entrée en vigueur jusqu'à la création de l'ordonnance de 1945 qui ancre définitivement pour les 16/18 ans l'excuse atténuante de minorité en la consacrant dans une présomption simple, qui peut donc être juridiquement défaite par les magistrats.

La question de la minorité délinquante est donc très ancienne. Elle réapparaît pourtant à nouveau aujourd'hui comme si elle n'avait jamais existé. À tel point que nous en sommes à débattre sur les mêmes conceptions que celles du début du 20e siècle lors de la création de tribunaux pour enfants. En effet, déjà à cette époque le fait de spécialiser la justice des mineurs suscitait des confrontations d'idées inépuisables. Et comme aujourd'hui, les faits divers les plus tragiques tentaient le politique et le corps social à imaginer des réponses toutes réactives et rétributives.

De nos jours, cette histoire pénale semble occultée et l'on fait de cette question une « nouveauté » en souhaitant répondre à la délinquance des mineurs par la rétribution et la prison. Les évolutions réalisées dans les connaissances tant sociologiques que psychologiques sont passées à la trappe. La question du modèle pénitentiaire que l'on souhaite adopter n'est pas débattue et surtout, et délibérément, l'ensemble du travail social sur cette question n'est jamais évoqué. On n'entend ainsi jamais parler de cette administration, la protection judiciaire de la jeunesse dont la noble mission consiste à prendre en charge ces jeunes. Ce faisant, les discours laissent penser « qu'il ne se passe rien » pour ces mineurs et que la justice serait totalement absente voire laxiste sur ce sujet. Je pense avoir pu montrer dans cet ouvrage, à travers mon expérience et ces différents cas cliniques, combien la question de la jeunesse dite délinquante est une question ardue, relativement aux jeunes eux-mêmes, à leurs histoires, à leurs difficultés mais aussi en considération des embûches institutionnelles qui entourent ces prises en charge. Il est, dans ce contexte, impératif et de toute urgence de conserver une approche humaniste et éducative avant tout de la justice des mineurs qui prend la forme juridique de l'excuse de minorité. Certes dans un monde moderne où tout n'est qu'apparence, il serait judicieux de renommer cette disposition et de ne plus la définir comme « excuse de minorité » mais plutôt de la retenir comme une *« circonstance atténuante de minorité »*. Un tel vocable permettrait sans doute de dépassionner les débats et de tendre vers une réflexion objective sur la question de la délinquance des mineurs.

Conclusion

Les mots au bord du vide. Il s'agit pour l'éducateur de les saisir à la volée. Après tant d'années passées auprès de ces jeunes, cet ouvrage, par des exemples vécus et ses aspects théoriques, montre toute la difficulté dans lesquels ces mineurs se trouvent lorsqu'ils rencontrent la justice. Il faut ainsi se départir de l'idée de vouloir réduire la délinquance juvénile à une unique réponse pénale.

Nous voyons à travers ce livre les énormes handicaps auxquels ces adolescents sont confrontés, et qui les conduisent consciemment ou non à commettre des actes délictueux, du moins grave au plus dramatique. Le crime est un symptôme à l'adolescence. Il ne doit jamais faire identité avec son auteur.

Je veux affirmer que la délinquance des jeunes n'a pas particulièrement et exponentiellement explosée. Il existe des actes extrêmement graves aujourd'hui comme il en existait par le passé. Certes quelques comportements s'illustrent plus particulièrement aujourd'hui comme le phénomène des rixes, mais qui en réalité et à l'échelle de l'histoire de la délinquance ne sont pas innovants. Le rajeunissement des délinquants est également à démontrer. Je ne constate pas particulièrement cet état de fait, pourtant asséné médiatiquement. Il m'est arrivé de prendre en charge quelques jeunes âgés de 11 ou 12 ans dès le début de ma carrière. Je me rappelle, en particulier de ce tout jeune garçon qui passe devant le juge des enfants et qui semble tellement difficile. Je ne pratique pas à l'époque le placement et, pour la première fois, je dois proposer cette solution au juge des enfants, tant le mineur paraît incontrôlable.

Ce qui est symptomatique, c'est le fait que même éloigné du quartier et placé en C.E.F, les autorités communales continuent pourtant à le désigner comme l'auteur de faits qu'il ne peut par définition pas commettre. Même son passage au C.E.F est pour lui un échec et il ne tarde pas à aller malheureusement en prison.

J'entends beaucoup parler du recours à l'armée comme solution « miraculeuse », mais ici encore c'est oublier le passé de la justice des mineurs qui a déjà expérimenté cette tentative de solution et qui s'est avérée être un échec. Il en est de même des courtes peines privatives de liberté dont j'ai pu parler et qui n'ont pas démontré leur efficacité.

Il convient de replacer le phénomène de la délinquance des mineurs dans le contexte social au sein duquel il évolue. En réalité, c'est le corps social qui s'est vulnérabilisé par une forme de sensiblerie qui s'est étoffée au fil du temps. La société du 19e siècle était très violente [1], plus violente que la nôtre. Ainsi, lorsque de nos jours surgît un acte grave, il fait effraction et son retentissement est largement amplifié, notamment par le relais exercé par les médias. Dans notre société de plus en plus aseptisée, le fait criminel endosse ainsi une demande voire une injonction du corps social à punir le plus fermement possible.

Si la violence a toujours existé, elle n'a guère évolué à la hausse au cours du temps. Les mineurs ne sont pas plus violents aujourd'hui qu'hier. Il faut en effet se garder d'une généralisation en matière de délinquance. Je souhaite affirmer que l'approche du phénomène délinquant doit d'abord être perçue comme une expression de la subjectivité de son auteur. Les savants ont toujours voulu déterminer « une » grande cause au crime, mais il convient de se départir de cette croyance. La violence et la délinquance ont des racines qui sont d'abord « intérieures », et qui se noient dans les tréfonds des histoires familiales et

1. F. CHAUVAUD, *De Pierre Rivière à Landru : la violence apprivoisée au 19e siècle*, Ed., Brépols, 1991, 271 p.

individuelles, voire transgénérationnelles. La réponse aux actes transgressifs gît prioritairement dans une approche éducative.

Pour aborder le phénomène délinquant, il est indispensable et à chaque fois, de remettre l'ouvrage sur le métier afin d'en comprendre la signification. Cela n'est possible que si les mots ont eux-mêmes un sens et si l'éducateur saisit « les mots au bord du vide », ces mots, comme juchés en ligne de crête et prononcés avant la chute.

L'accompagnement éducatif, lui, arrive à des résultats, malgré l'ensemble des obstacles placés sur sa route. Des embûches qui prennent la forme de handicaps liés aux histoires, aux troubles des uns et des autres, mais aussi aux relations ou à l'inexistence de relations entre les différentes institutions qui se penchent sur l'éducation spécialisée. Il serait à ce titre particulièrement judicieux de pouvoir rendre compte également du fonctionnement propre à l'institution judiciaire. Tant j'ai voulu également montrer dans quelle mesure cette dernière peut parfois engendrer ou perpétuer le crime.

La prise en charge de ces jeunes et de leur famille est un pari et il faut absolument reconnaitre le mérite et l'engagement des équipes éducatives qui sacrifient leur propre vie de famille dans cette noble mission. Il est de toute urgence que ces derniers fassent l'effort de théoriser leur pratique. Ce métier est trop peu connu et de ce fait se trouve réduit trop souvent par les observateurs à un vide de connaissances. Il existe pourtant un savoir-faire, et un savoir-être, tout un espace réflexif d'expériences avec des résultats qu'il est plus que souhaitable aujourd'hui de faire connaître. J'espère que cet ouvrage fait partie de ce grand projet. L'éducateur doit devenir un expert comme peut l'être aujourd'hui le psychologue ou le psychiatre. Sa parole doit être prise en compte dans le champ pénal au titre de l'expertise.

L'accompagnement éducatif fonctionne, mais il est en décalage avec une société du résultat et de l'efficacité. La gestion de l'humain prend du temps. Et ce temps ne correspond plus nécessairement à une justice qui s'évertue à vouloir dans la précipitation « régler » le problème de la délinquance des jeunes.

Il apparaît impératif de maintenir et pour l'ensemble de ces raisons la notion de *« circonstances atténuantes de minorité »* qui permet une approche d'abord éducative et humaniste dans la réponse judiciaire à apporter aux comportements délinquants.

L'éducateur n'a que les mots pour agir. Il doit faire avec des mots tordus, des mots perdus, des mots annonciateurs, des mots d'aveux. Il doit faire avec l'aveu d'un crime commis ou subit, il doit lever les secrets de famille, ceux qui rendent « si mal à l'être » et qui conduisent à la déviance, à la délinquance et parfois à la mort. Il doit faire avec ces mots griffonnés sur un bout de papier, ces courriers, et ces lettres. « Ces écritures de vie » que les jeunes et les familles lui ont remis un jour. Il doit faire avec ces mots chuchotés entre deux portes, avec ces mots stigmatisants parfois. Il doit enfin faire avec ses propres mots pour transcrire, décoder, aider, parler en audience, ou écrire ses rapports.

Après presque 30 ans de pratique professionnelle, ces mots raisonnent en tous sens, ils s'entremêlent et s'entrechoquent. Ils se confondent les uns aux autres, ils animent ou perturbent l'espace onirique. Ils sont là perchés, comme en suspens. Je les saisis, les prends à la volée, au bord du vide. Je les remets dans l'ordre, dans le désordre des histoires, des crimes et des délits.

Dans ce tourbillon et cette logorrhée professionnelle, tous ces mots, s'ils sont effacés, laissent en réalité, et comme définitivement, la place à un vide.

Bibliographie

Actes du colloque : *les complaintes criminelles en France après 1870*, Revue Criminocorpus, 17/2021. *L'affaire Redureau, le crime de Bas-Briacé (1913).*

Aubut Jocelyn, *Les agresseurs sexuels, théorie, évaluation et traitement*, Éd. de la Chenelière, Montréal, 1993.

Alain, *Propos d'un normand*, Éd, Gallimard, NRF, 1960, 312 p.

Alexandre-Bidon, Treffort, sous la direction de, *À réveiller les morts*, P.U.L, 1993, 334 p.

Ancel Marc, *La défense sociale*, Éd. P.U.F, coll. Que sais-je ? 1ère éd., 1985, Paris, 127 p.

Anzieu Didier., *Le groupe et l'inconscient*, l'imaginaire groupal, Éd . Dunod, 1975.

Beccaria Cesare., *Traité des délits et des peines,* 1764.

Bouloc Bernard, *Pénologie,* Précis Dalloz, Éd. Dalloz, 1991, 401 p.

Buffard Simone, *Le froid pénitentiaire, l'impossible réforme des prisons*, Éd. Seuil, Paris, 1973.

Cabinet du docteur Caligari (le), film, Robert Wiene, 1922.

Cario Robert, *Jeunes délinquants, à la recherche de la socialisation perdue*, Éd., L'Harmattan, 2000, 416 p.

Chazal Jean, *L'enfance et la jeunesse délinquante*, P.U.F, 1993.

Chevalier Louis, *Classes laborieuses et classes dangereuses*, Éd. Hachette, 1994.

Chevalier Jean, Gheerbrant Alain, *Dictionnaire des symboles*, *És de tueur en série au 19e siècle,* Ed., L'Harmattan, 2006, 196 p.

Chevrier Olivier, *Adolescents et délinquants, une approche clinique de la justice des mineurs,* Ed., L'Harmattan 2023, 92 p.

Dantec M.S, *D'un crime immotivé, l'énigme et le passage*, P.U.R, 1999, 148 p.

Deligny F, *Graines de crapules, les vagabonds efficaces*, Ed., Dunod, 2019, 288 p.

De Greef Etienne, *Autour de l'œuvre de, L'homme criminel*, Ed. Nauwelaerts, Louvain, 1956, 256 p.

Delumeau Jean, *La peur en occident*, Ed., Fayard, Coll. Pluriel, 1978., 607 p.

Foucault Michel, *Moi Pierre Rivière ayant égorgé ma mère, ma sœur et mon frère*, Ed. Gallimard, coll. Folio histoire, 1998

Foucault Michel, *Surveiller et punir,* Ed., NRF, 1975, 328 p.

Fromm E, *Le cœur de l'homme : sa propension au bien et au mal,* Payot, 1979, 214 p.

Grasset J., *La responsabilité des criminels*, Les éditions nouvelles, 1908, 276 p.

Houchon Guy, *Cours de pénologie*, Université de Louvain-la-Neuve, Belgique, 1995.

Jallieu E., *Bruno Reidal, l'enfance meurtrière*, Ed. Scènes de crimes, 2007, 223p.

Jannet P, Traducteur, *les aventures de Til ULESPIEGLE*, Ed. Scripta Manent, 1929,248 p.

Jeammet P., *La souffrance des adolescents*, Ed, La découverte, Paris, 2007.

Labadie Jean-Michel, Le secret d'un aveux, nouvelle revue de psychanalyse, n° 14, 1976.

Labadie Jean-Michel, *les mots du crime*, De Boecke université, 1995, 249 p.

Labadie Jean-Michel, *Psychologie du criminel*, logiques de l'irréparable, Ed. L'Archipel, 2004, 419 p.

Labadie Jean-Michel, *Histoire des savoirs sur le crime et la peine*, Tome1, Ed., Larcier, 2008, 389 p.

Lacassagne A, *L'affaire Reidal, un cas de sadisme sanguinaire congénital*, Archives d'anthropologie criminelle,1907

Laingui André, *Histoire du droit pénal*, Tome 2, Ed., Cujas, 150 p.

Lavater, *La physiognomonie, ou l'art de connaître les hommes*, Paris, 320 p.,

Lazerges Christine, *La politique criminelle*, Ed. P.U.F, coll. Que sais-je ? 1ère éd., Paris, 1987, 121 p.

Lecouteux Claude, *Fantômes et revenants au moyen âge*, Ed. Imago, 253 p., 1996.

Lecouteux Claude, *Chasses infernales et cohortes de la nuit au moyen âge,* Ed. Imago, 1999.

Le Prince de Beaumont, *La belle et la bête,* Ed., Flammarion, 2021, 128 p.

Lombroso Cesare, *L'homme criminel*, atlas, Ed. Felix Alcan, Paris, 1895.

Mains d'Orlac (les), film, Edmond Gréville, 1960.

Merleau-Ponty, *Le visible et l'invisible*, 1964, Gallimard, Coll. Tel 1999, 359 p.

Meurtre par procuration, film, Freddie Francis, 1964.

Molière, *Les fourberies de Scapin,* Ed., Etonnants classiques, 2022, 160 p.

Montarron Marcel, *Histoire des crimes sexuels,* Ed, Plon, 1970, 348 p.

Moreau De Tours Paul, *Les aberrations du sens génésique*, Ed., Asselin, Paris, 1880, 304 p.

Nietszsche F, *Ainsi parlait Zarathoustra,* Ed., le livre de poche, 1972.

Ouvrage collectif, *Les états limites,* P.U.F, Petite bibliothèque de psychanalyse, 1999, 148. P.

Ottenhof R., sous la direction de, *L'individualisation de la peine de Saleilles à aujourd'hui,* Ed., Eres, 2001, 288 p.

Perrault G., Le pull-over rouge, Ed. Hachette, 1994, 444 p.

Pointud Marc, *Lumières sur Tevennec, Les portes de l'enfer,* Ed., Embannaduriou Coop Breizh, 2018, 115 p.

Rouanet M, *Les enfants du bagne*, document Payot, 1992, 338 p.

Roumajon Yves, *Enfants perdus, enfants punis,* paris, Ed. Robert Laffont, 1989 ; Ils ne sont pas nés délinquants, Ed. Pocket, 1981, 328 p.

Sighele S, *La foule criminelle, essai de psychologie criminelle,* Félix Alcan,1901.

Snacken S, *Les courtes peines de prison*, Revue déviance et société, Vol X, 1986

Tardieu A., *Etude médico-légale sur les attentats aux mœurs*, Ed. Baillères, 1858, 174 p.

Villerbu Loïck, *Dangerosité et vulnérabilité en psychocriminologie*, Ed., L'Harmattan, 2003, 302 p.

Walgrave Lode, *Délinquance systématisée des jeunes et vulnérabilité sociétale*, Ed., Médecine et hygiène, 1992, 154 p.

Winnicott D.W, *La mère suffisamment bonne*, Petite bibliothèque Payot, 2006, 122 p.

Zana Omar, *Restaurer l'empathie chez les mineurs délinquants*, Ed., Dunod, 2010, 256 p.

Table des matières

Structures éditoriales du groupe L'Harmattan

L'Harmattan Italie
Via degli Artisti, 15
10124 Torino
harmattan.italia@gmail.com

L'Harmattan Hongrie
Kossuth l. u. 14-16.
1053 Budapest
harmattan@harmattan.hu

L'Harmattan Sénégal
10 VDN en face Mermoz
BP 45034 Dakar-Fann
senharmattan@gmail.com

L'Harmattan Cameroun
TSINGA/FECAFOOT
BP 11486 Yaoundé
inkoukam@gmail.com

L'Harmattan Burkina Faso
Achille Somé – tengnule@hotmail.fr

L'Harmattan Guinée
Almamya, rue KA 028 OKB Agency
BP 3470 Conakry
harmattanguinee@yahoo.fr

L'Harmattan RDC
185, avenue Nyangwe
Commune de Lingwala – Kinshasa
matangilamusadila@yahoo.fr

L'Harmattan Congo
219, avenue Nelson Mandela
BP 2874 Brazzaville
harmattan.congo@yahoo.fr

L'Harmattan Mali
ACI 2000 - Immeuble Mgr Jean Marie Cisse
Bureau 10
BP 145 Bamako-Mali
mali@harmattan.fr

L'Harmattan Togo
Djidjole – Lomé
Maison Amela
face EPP BATOME
ddamela@aol.com

L'Harmattan Côte d'Ivoire
Résidence Karl – Cité des Arts
Abidjan-Cocody
03 BP 1588 Abidjan
espace_harmattan.ci@hotmail.fr

Nos librairies en France

Librairie internationale
16, rue des Écoles
75005 Paris
librairie.internationale@harmattan.fr
01 40 46 79 11
www.librairieharmattan.com

Librairie des savoirs
21, rue des Écoles
75005 Paris
librairie.sh@harmattan.fr
01 46 34 13 71
www.librairieharmattansh.com

Librairie Le Lucernaire
53, rue Notre-Dame-des-Champs
75006 Paris
librairie@lucernaire.fr
01 42 22 67 13

www.ingramcontent.com/pod-product-compliance
Lightning Source LLC
LaVergne TN
LVHW010930061026
849535LV00007B/2324

* 9 7 8 2 3 3 6 4 8 5 5 3 9 *